Giovanni da Milano

GRAMÁTICA DEL ITALIANO

dve
PUBLISHING

De Vecchi Ediciones participa en la plataforma digital **zonaebooks.com**
Desde su página web (www.zonaebooks.com) podrá descargarse todas las obras de nuestro catálogo disponibles en este formato.

© Editorial De Vecchi, S. A. 2018
© [2018] Confidential Concepts International Ltd., Ireland
Subsidiary company of Confidential Concepts Inc, USA
ISBN: 978-1-68325-845-2

Índice

Introducción

Para el correcto conocimiento y aprendizaje de una lengua, es imprescindible conocer a fondo la gramática; sin embargo, esta suele ser la parte que resulta más dura y complicada para la mayoría de la gente.

En esta gramática que tiene entre sus manos, sin embargo, encontrará todo lo que necesita saber sobre fonética, morfología y sintaxis de la lengua italiana, para que pueda adquirir unos conocimientos elementales bien fundamentados y con poco esfuerzo.

Fonética y ortografía, artículos, sustantivos, adjetivos, pronombres, conjugaciones de verbos, verbos irregulares…

La teoría está perfectamente sintetizada y explicada de una forma clara y sencilla; los ejemplos le ayudarán a comprender fácilmente lo explicado, y con los ejercicios que se facilitan al final de cada lección podrá verificar lo aprendido.

Un manual único y completísimo que constituye una guía práctica, de fácil acceso, exhaustiva y útil para todos aquellos que quieren aprender italiano, tanto para los que desean iniciarse en el estudio de esta lengua como para quienes han de conseguir un nivel avanzado.

Fonética y ortografía

Las vocales

En italiano, las vocales son cinco: **a**, **e**, **i**, **o**, **u**. Las vocales **a**, **i** y **u** conservan siempre el mismo sonido y se pronuncian como en español.

Las vocales **o** y **e** tienen dos sonidos: uno abierto, como en *mezzo* («medio») y *posta* («correo»), y otro cerrado, como sucede en *torre* («torre»), *foro* («agujero») y *esca* («cebo»). En los diccionarios italianos se señala esta distinción utilizando el acento grave para los sonidos abiertos y el agudo para los cerrados. Ejemplos: *mèzzo, pòsta, tórre, fóro, ésca.*

Las consonantes

• La **b** tiene su propia pronunciación, que conviene no confundir con la de la **v**, como sucede en español. La **b** es consonante bilabial, mientras que la **v** es labiodental. Ejemplos: *bello* («bonito»), *buono* («bueno»), *bocca* («boca»), *vettura* («automóvil»), *vendere* («vender»), *vivere* («vivir»).

• La **c** tiene, delante de las vocales **a**, **o**, **u**, el mismo sonido que en castellano: *cantare* («cantar»), *collegio* («colegio»). Y conserva este mismo sonido delante de **i**, **e**, cuando entre la consonante y la vocal se interpone una **h**: *pechinese* («pequinés»), *schermo* («pantalla»).

Si una **c doble** precede a una vocal fuerte o una **h**, también se pronuncia con el sonido **k**: *raccogliere* («recoger»), *apparecchio* («aparato»).

Por el contrario, la **c** se pronuncia como la **ch** castellana delante de **e**, **i**: *cera* («cera»), *vicino* («vecino, cerca»).

Igualmente, cuando entre la **c** o la **c doble** y la vocal fuerte se intercala una **i**, también se pronuncia como la **ch** castellana: *marcia* («marcha»), *caccia* («caza»), *cucciolo* («cachorro»).

• La **g** es velar sorda, como en castellano, delante de **a**, **o**, **u**: *gola* («garganta»), *gatto* («gato»). Para conservar este mismo sonido delante de **e**, **i**, se interpone una **h** entre la consonante y la vocal, formando **ghe**, **ghi**, que se pronuncian como en castellano **gue**, **gui**: *ghiaccio* («hielo»), *ghiotto* («glotón»).

Tiene sonido palatal sonoro delante de **e**, **i**: *geloso* («celoso»), *ginocchio* («rodilla»). Conserva este mismo sonido delante de **o**, **a**, **u** cuando se interpone una **i** entre la consonante y la vocal: *gioco* («juego»), *giovane* («joven»).

Cuando se encuentran juntas dos **g (gg)**, conservan el mismo sonido palatal sonoro en *fuggire* («huir»), *leggere* («leer»), pero tienen el sonido velar sordo en *agguato* («acecho»), *aggredire* («agredir»).

En las combinaciones **gue** y **gui** se produce diéresis y las dos vocales consecutivas se pronuncian, tal como ocurre en español con las palabras *vergüenza* y *pingüino*. Ejemplos: *guerra* («guerra»), *guida* («guía»).

El grupo **gl**, delante de **a**, **e**, **o**, **u**, tiene el mismo sonido que en castellano: *gladiatore* («gladiador»), *globo* («globo»). Delante de la **i** tiene dos sonidos: uno como en la palabra castellana *anglicano* (por ejemplo, *negligente* [«negligente»], *glicerina* [«glicerina»]) y otro como la **ll** española, en todas aquellas palabras en que la **i** forma diptongo con la vocal siguiente (por ejemplo, *famiglia* [«familia»], *consiglio* [«consejo»], *figlio* [«hijo»], *ventaglio* [«abanico»]).

El grupo **gn** corresponde a la pronunciación castellana de la **ñ**: *sogno* («sueño»), *ogni* («cada»).

• La **h** propiamente no tiene sonido. Sus funciones son las siguientes:

— para dar el sonido sordo a la **c** y a la **g** delante de **e, i**;
— en las tres personas del singular y la tercera del plural del verbo *avere* («haber o tener»): *io ho, tu hai, lui* o *lei ha, loro hanno*;
— para señalar, en las interjecciones, la prolongación de la vocal precedente: *ahimé* («¡ay!, ¡ay de mí!»), *uh!* («¡ah!, ¡ay!»), *ahi!* («¡ah!, ¡ay!»), *ehi!* («¡eh!, ¡hola!»), *ih!* («¡ah!»), *ah!* («¡ah!»), *oh!* («¡oh!»).

• La **q** va siempre seguida de **u** y de otra vocal: esta **u** se pronuncia siempre y corresponde al sonido del castellano **cua, cue, cui, cuo** *(cuello, oblicuo)*. Ejemplos: *quindici* («quince»), *quaderno* («cuaderno»).

Si le precede una **c**, refuerza su sonido: *acquisto* («adquisición»), *acquedotto* («acueducto»), *acqua* («agua»).

• La **r**, cuando es doble, se pronuncia con fuerza; cuando es sencilla o está situada al principio de una palabra, se pronuncia como en castellano.

• La **s** tiene dos sonidos: sordo y sonoro. Es sorda cuando se halla a principio de palabra, cuando es doble y cuando va seguida de las consonantes duras **c, q, t, p, f**. Ejemplos: *sale* («sal»), *cassa* («caja»), *orso* («oso»), *scala* («escalera»), *squadra* («escuadra»), *stato* («estado»), *spada* («espada»), *sfida* («desafío»).

La **s** es sonora cuando se encuentra entre dos vocales o bien delante de las consonantes sonoras **g, d, b, v**. Ejemplos: *rosa* («rosa»), *bisogno* («necesidad»), *sguardo* («mirada»), *sdegno* («desdén»), *sbarra* («barrera»), *svanire* («desvanecer»).

Se le llama líquida o impura cuando precede a una consonante. En este caso hay que procurar darle el correcto sonido de líquida, es decir, que no tenga analogía fonética alguna con la sílaba **es**. Así pues, se pronunciará /studio/, /stato/, no /estudio/ ni /estato/, como si tuviese la vocal **e**.

La **s** líquida, delante de una **c** seguida de vocal, suena como la **ch** francesa en las voces *charité*, *chasse*. Ejemplos: *sciupare* («malgastar»), *sciopero* («huelga»), *scena* («escena»), *scialle* («chal»), *scivolare* («resbalar»).

● La **t** suena como en castellano.

● En cuanto a la **v**, según hemos dicho ya, hay que procurar no confundir su pronunciación con la de la **b**.

● La **z** ofrece dos tipos de pronunciación: una sonora (/ds/) y otra sorda (/ts/). Es suave (/ds/) en *zucchero* («azúcar»), *zio* («tío»), *zanzara* («mosquito»), y fuerte (/ts/) en *grazioso* («gracioso»), *dazio* («impuesto»), *pazienza* («paciencia»), así como también en muchas otras palabras en las que se halla doblada: *pazzo* («loco»), *spazzare* («barrer»), *pezzo* («pedazo»). La **z** italiana no tiene en ningún caso el sonido dental de la castellana.

La elisión

Se conoce como elisión la supresión de la vocal no acentuada con la que acaba una palabra, que se suele realizar cuando la palabra que sigue empieza con otra vocal. Su signo es el apóstrofo, el cual se coloca ocupando el puesto de la vocal suprimida. Ejemplos: *bell'azione* («hermosa acción»), *un'anima* («un alma»).

Para la elisión en el idioma italiano hay algunas excepciones:

— las preposiciones **di** y **da** no se apostrofan nunca;
— en las formas plurales, cuando la vocal final no es igual a la inicial de la palabra siguiente, por regla general no se pro-

duce elisión. No se dirá, pues, *quest'uomini*, sino *questi uo-mini*; pero sí se podrá decir *quest'epoche, quest'impicci*;
— los adjetivos **santo**, **grande**, **bello**, **buono** no sufren elisión si preceden a un vocablo que empieza por **s** líquida, como en: *un bello specchio* («un hermoso espejo»), *un grande spazio* («un gran espacio»). Sin embargo, sí la habrá al preceder a un vocablo que empieza con cualquier otra consonante: *San Giovanni* («San Juan»), *bel paese* («hermoso país»), *buon consiglio* («buen consejo»). La elisión se da sobre todo ante palabras que empiezan por vocal: *bell'anima* («hermosa alma»), *grand'albero* («gran árbol»).

A menudo, la elisión tiene por objeto simplemente dar mayor armonía a la frase. En las formas plurales no se emplea; no se dirá, pues, *fedel servi*, sino *fedeli servi* («fieles siervos»).

Adición de *d* ante palabras que empiezan por vocal

A causa de la eufonía, a la preposición **a** y a la conjunción **e**, cuando preceden a palabras que empiezan por vocal, se les puede añadir al final una **d**: *ed anche, ad istigazione, ad onore, ed era, ad altri*.

Acentuación

El único acento que se señala siempre en italiano es el de las palabras agudas, es decir, el de las que tienen acentuada la última sílaba. Para llegar a leer correctamente las palabras, se necesita mucha práctica y la ayuda del diccionario. En el idioma escrito, el acento comúnmente empleado es el grave («ì»). Hay escritores que usan preferentemente el signo agudo, en vez del grave, pero es una simple cuestión de forma. La mayor parte de las palabras italianas son llanas y, salvo pocas excepciones, en su forma natural terminan en vocal.

Frases útiles

En el aeropuerto

Dov'è lo sportello di Iberia?
¿Dónde está la ventanilla de Iberia?

Vi sono dei posti disponibili nel primo aereo che parte domani verso…?
¿Hay plazas para el primer avión con destino a…?

Vorrei una prenotazione per il prossimo volo in partenza per…
Deseo una reserva para el próximo vuelo a…

A che hora parte l'aereo per…?
¿A qué hora sale el avión para…?

Vorrei un posto vicino al finestrino.
Quisiera un asiento junto a la ventanilla.

La sua carta d'imbarco, prego.
Su tarjeta de embarque, por favor.

A che ora atterriamo?
¿A qué hora aterrizamos?

Dove posso trovare un carrello per i bagagli?
¿Dónde puedo encontrar un carro para el equipaje?

Le mie valigie non sono ancora arrivate.
Mis maletas no han llegado.

A quale ufficio devo rivolgermi?
¿A qué oficina debo dirigirme?

El artículo

En italiano los artículos se dividen, como en español, en determinados e indeterminados, pero no existe el artículo neutro; nuestro artículo **lo** deberá traducirse, en la mayoría de los casos, con el artículo determinado **il** o **lo**, o bien con las expresiones italianas **ciò che è**, **ciò che vi è**, **quel che**, y similares.

lo bueno	*il buono (ciò che è buono)*
lo hermoso	*il bello (ciò che è bello)*
lo importante	*l'importante (quel che importa)*
lo mejor	*il meglio*
lo que	*ciò che*
lo cual	*il che, la qual cosa*

Diciendo en italiano *il bello*, *il giusto*, etc., igual podremos, por tanto, referirnos al guapo, al justo (a un hombre guapo y a uno justo) que a lo bello o a lo justo (al aspecto o el lado bello o justo de las cosas).

Artículo determinado

El artículo determinado, de un modo similar a los morfemas de género y número, delimita el significado del sustantivo, al que singulariza: no es lo mismo decir *coche* que *el coche*, ya que en este último caso la palabra adquiere una relevancia especial tanto para el hablante como para el oyente.

	Singular	**Plural**
Masculino	*il, lo, l'* («el»)	*i, gli* («los»)
Femenino	*la, l'* («la»)	*le* («las»)

• El artículo **il** se emplea ante los nombres masculinos que empiezan por consonante: *il libro* («el libro»), *il cane* («el perro»), *il padre* («el padre»), *il monarca* («el monarca»).

• El artículo **lo** se pone ante aquellos nombres que empiezan por vocal, s impura o z, pero ante vocal, pierde la o, que se apostrofa. Así, no diremos *lo uomo*, sino *l'uomo* («el hombre»). Ejemplos: *l'angelo* («el ángel»), *l'imperatore* («el emperador»), *lo studente* («el estudiante»), *lo specchio* («el espejo»), *lo sciocco* («el tonto»), *lo zucchero* («el azúcar»), *lo zaino* («la mochila»).

• El artículo determinado masculino plural es **i, gli**.

I se usa ante los nombres que empiezan por consonante, es decir, ante aquellos que en el singular llevan **il**. Ejemplos: *il libro, i libri* («los libros»); *il cane, i cani* («los perros»); *il padre, i padri* («los padres»).

El artículo plural **gli** se coloca ante los nombres que empiezan por vocal, s impura o z (y también, claro está, ante *gn, x, ps, j*); en suma, ante aquellos que en singular llevan **lo**. Ejemplos: *l'uomo, gli uomini* («los hombres»); *l'angelo, gli angeli* («los ángeles»); *lo studente, gli studente* («los estudiantes»); *lo specchio, gli specchi* («los espejos»); *lo zio, gli zii* («los tíos»).

El artículo plural **gli** se coloca también, a modo de excepción, ante la palabra *Dei* («dioses»), y se dice, por tanto, *gli Dei* («los dioses»), y no *i Dei*.

• El artículo determinado femenino es **la**, como en español, para el singular, y **le** para el plural.

La se utiliza ante todos los nombres femeninos sin excepción, pero ante palabras que empiecen por vocal, se apostrofa: *la figlia* («la hija»), *la pecora* («la oveja»), *l'isola* («la isla»), *l'età* («la edad»).

El artículo plural **le** se usa ante todos los sustantivos femeninos, y no se apostrofa: *la figlia, le figlie* («las hijas»); *la pecora, le pecore* («las ovejas»); *l'isola, le isole* («las islas»).

Artículo contracto

Todos los artículos determinados, tanto masculinos como femeninos, en singular o en plural, cuando van precedidos de las preposiciones *a* («a»), *da* («de, por»), *di* («de»), *in* («en») y *su* («sobre, encima de»), se unen necesariamente a ellas, dando origen a las llamadas **preposiciones articuladas** (contracción del artículo).

- Con la preposición **a**:

	il	lo	la	i	gli	le
a	al	allo	alla	ai	agli	alle

*Io do il pane **al** povero.*
Doy el pan al pobre.

*Egli andrà **alla** festa.*
Él irá a la fiesta.

*Noi facciamo gli auguri **agli** artisti.*
Nosotros felicitamos a los artistas.

*Tu consegni il libro **allo** studente.*
Entregas el libro al estudiante.

*Dà i giocattoli **ai** bambini.*
Da los juguetes a los niños.

*Voi vi alzate **alle** sette.*
Vosotros os levantáis a las siete.

- Con la preposición **da**:

	il	lo	la	i	gli	le
da	dal	dallo	dalla	dai	dagli	dalle

*Mi è stato dato **dal** padre di Pietro.*
Me lo ha dado el padre de Pedro.

*Francesca va **dallo** psicologo.*
Francesca va al psicólogo.

***Dalla** casa di Mario alla mia ci sono venti metri.*
Desde la casa de Mario hasta la mía hay 20 metros.

*Vai a pranzo **dai** toui?*
¿Vas a comer a casa de tus familiares?

*Le greggi scendono **dagli** Appennini in autunno.*
Los rebaños descienden de los Apeninos en otoño.

*La festa è stata organizzata **dalle** mie amiche.*
La fiesta ha sido organizada por mis amigas.

• Con **di**:

	il	lo	la	i	gli	le
di	del	dello	della	dei	degli	delle

*Il canto **del** canarino è piacevole.*
El canto del canario es agradable.

*Sento la voce **dello** zio.*
Oigo la voz del tío.

*Ho visto il padre **della** bambina.*
He visto al padre de la niña.

*Ho sentito il rullo **dei** tamburi.*
He oído el redoble de los tambores.

*Costui è il professore **degli** studenti.*
Ese es el profesor de los estudiantes.

*Mi piace il suono **delle** campane.*
Me gusta el sonido de las campanas.

• Con **in**:

	il	lo	la	i	gli	le
in	nel	nello	nella	nei	negli	nelle

*Che cosa c'è **nel** cassetto di Giuseppe?*
¿Qué hay en el cajón de José?

*Pietro tiene i libri **nello** scaffale.*
Pedro tiene los libros en el estante.

***Nella** tasca di quel bambino c'era di tutto.*
En el bolsillo de aquel niño había de todo.

***Nei** prati pascolano i cavalli selvatici.*
En las praderas pacen los caballos salvajes.

*L'anno venturo andrò **negli** Stati Uniti.*
El año próximo iré a Estados Unidos.

Non sempre nelle campagne dimora l'innocenza e nelle città il vizio.
No siempre mora en los campos la inocencia y en las ciudades el vicio.

● Con la preposición **su**:

	il	lo	la	i	gli	le
su	sul	sullo	sulla	sui	sugli	sulle

Il petrolio galleggia sul mare.
El petróleo flota sobre el mar.

Ho trovato una bustina di zucchero sullo scaffale.
He encontrado una bolsita de azúcar sobre el estante.

Il pane è sulla tavola.
El pan está sobre la mesa.

Aggiornate le norme sui delitti gravi.
Han sido actualizadas las normas sobre los delitos graves.

Chiuso il sondaggio sugli animali domestici.
Ha sido finalizada la encuesta sobre animales domésticos.

Un aereo precipita sulle case a Pointe Noire.
Un avión cae sobre las casas en Pointe Noire.

Los artículos resultantes de una contracción siguen ante los sustantivos las reglas generales del artículo, suprimiéndose la **a** y la **o** finales ante aquellas palabras que comienzan por otra vocal: *dell'aria, dall'Italia, all'inferno.*

Artículo indeterminado

A diferencia del determinado, cuya función es indicar el género y el número del sustantivo, el artículo indeterminado es también un cuantificador.

	Singular	Plural
Masculino	un, uno («un»)	dei, degli, alcuni («unos»)
Femenino	una, un' («una»)	delle, alcune («unas»)

El artículo indeterminado italiano es **un** para el masculino y **una** para el femenino, en singular: *un libro* («un libro»), *un cane* («un perro»), *una donna* («una mujer»), *una ragazza* («una muchacha»).

Pero si el artículo indeterminado masculino ha de ponerse ante un nombre que empieza por s impura o por z —así como ante las demás consonantes mencionadas al tratar del artículo **lo**—, se transforma en **uno**. Ejemplos: *uno studente* («un estudiante»), *uno specchio* («un espejo»), *uno zio* («un tío»), *uno zero* («un cero»), *uno pseudonimo* («un seudónimo»).

Por su parte, el artículo indeterminado femenino **una**, ante nombre comenzado por vocal, pierde la **a** final, que se apostrofa: *un'ora* («una hora»), *un'imperatrice* («una emperatriz»).

El artículo indeterminado italiano no tiene formas propias para el plural. Para decir, por ejemplo, *unos libros, unos estudiantes, unas mujeres*, habrá que recurrir a los adjetivos indefinidos **alcuni**, **alcune**, **certi**, **certe**, etc., o también a las formas del artículo contracto **del**, **degli**, **dei**, **delle** en funciones de partitivo.

*Io ho **delle** mele.* Tengo unas manzanas.	*Io conosco **alcuni (degli)** studenti.* Conozco unos estudiantes.
*Io vedo **alcune (delle)** donne.* Veo a unas mujeres.	*Io leggo **certi** libri e canto **certe** canzoni.* Leo ciertos (unos) libros y canto ciertas (unas) canciones.
*Io ho **dei** quadri.* Tengo unos cuadros.	*Io sento **dei** rumoni.* Oigo unos ruidos.

Uso del artículo

• En italiano, como ocurre a menudo en castellano, tras los pronombres **noi** y **voi**, que hacen referencia a un sustantivo plural, no se coloca el artículo determinado:

Noi spagnoli scoprimmo l'America.
Nosotros, los españoles, descubrimos América.

Lo se che voi madri siete affettuose.
Ya sé que vosotras, las madres, sois cariñosas.

• Antes de los nombres propios no se pone artículo:

Oggi ho parlato con Pietro.
Hoy he hablado con Pedro.

É venuta Luisa.
Ha venido Luisa.

A veces, especialmente en el lenguaje familiar y en la narrativa, los nombres propios de mujer sí van precedidos por el artículo. Sin embargo, los nombres de varón no suelen llevarlo en ninguna circunstancia.

• Los apellidos admiten el artículo (*Incontrai il Monti*, «Encontré a Monti»), a menos que lleven antepuesto el nombre de pila *(Incontrai Giuseppe Monti)*, o que sean muy familiares, y ocupen entonces el lugar del nombre de pila: *C'è qui Rossi* («Está aquí Rossi»), *Guarda Bianchi cosa fa* («Mira lo que hace Bianchi»).

Los apellidos célebres han sido pronunciados tradicionalmente con artículo: **il Petrarca, il Boccacio**, pero en la actualidad existe la tendencia a prescindir de este: *Colombo* («Colón»), *Verdi, Garibaldi, Mussolini.*

• Tanto los días de la semana como los meses van sin artículo:

Lunedì verrò.
El lunes vendré.

Gennaio è un brutto mese.
Enero es un mal mes.

Pero cuando se precisan o determinan llevan el artículo: *il giovedì passato* («el jueves pasado»), *il febbraio scorso* («febrero pasado»). Y lo mismo sucede con las fechas: *il 24 maggio* («el 24 de mayo»), *il 28 ottobre* («el 28 de octubre»).

• Los nombres de continentes, estados, grandes islas y regiones requieren el artículo:

L'Europa	Europa	*La Corsica*	Córcega
L'Italia	Italia	*La Lombardia*	Lombardía
La Spagna	España	*La Catalogna*	Cataluña

Cuando en la frase entra la preposición **di** o **del**, diferenciando o indicando procedencia, puede prescindirse del artículo:

I vini di Francia Los vinos de Francia

Sin embargo, cuando el objeto determinado puede considerarse como una posesión característica de todo el país, no puede omitirse el artículo:

Le ricchezze dell'Olanda	Las riquezas de Holanda
La fertilità dell'Ucrania	La fertilidad de Ucrania
I canti del Piemonte	Los cantos del Piamonte

Para los complementos de lugar se utiliza la preposición **in** en su forma normal o articulada:

andare in Svizzera	ir a Suiza
andare in Belgio	ir a Bélgica
andare negli Stati Uniti	ir a Estados Unidos

Pero no menos sorprendente para los españoles resulta oír: **il Venezuela**, **il Cile**, **il Bengala**, etc.

Ejercicios

Ejercicio 1. Escriba el artículo determinado:

1. .... mamma
2. .... uomo
3. .... cani
4. .... uomini
5. .... casa
6. .... amico
7. .... piante
8. .... spagnoli

Ejercicio 2. Complete con el artículo indeterminado:

1. .... nonna
2. .... gelati
3. .... carta

4. .... lenzuolo
5. .... matita
6. .... caramelle
7. .... pranzo
8. .... lezione

Ejercicio 3. Añada la contracción adecuada:

1. Ho parlato .... mia insegnante di matematica.
2. Il salotto .... casa nuova è molto grande.
3. Luisa torna .... Stati Uniti domani.
4. Che cosa c'è di buono .... frigorifero?
5. Ho lasciato le chiavi .... tavolo.

Frases útiles

En la aduana

Il suo passaporto, per piacere.
Su pasaporte, por favor.

I miei dati personali sono…
Mis datos personales son…

Mi accompagnano mia moglie e mio figlio.
Me acompañan mi mujer y mi hijo.

Conto di rimanere dieci giorni in questo paese.
Pienso estar diez días en este país.

Ha qualcosa da dichiarare?
¿Tiene algo que declarar?

Non ho niente da dichiarare.
No tengo nada que declarar.

Non ho valuta stera.
No llevo moneda extranjera.

Vi è qualche cosa che debba pagare dogana?
¿Hay algo que deba pagar derechos de aduana?

Posso chiudere la valigia?
¿Puedo cerrar la maleta?

È tutto conforme.
Está todo conforme.

El sustantivo

Género

Será posible comprobarlo teniendo en cuenta el significado del sustantivo y, si lo desconocemos, atendiendo a su terminación.

Género de los nombres por su significado

Los sustantivos son masculinos o pertenecen al género masculino cuando se refieren al varón o a profesiones y actividades que tradicionalmente le son propias:

Carlo   Carlos   *sarto*   sastre

También son masculinos los nombres de animales machos:

asino   asno   *cane*   perro

Se da el caso de nombres que en castellano son masculinos y en italiano, femeninos:

la guardia   el guardia   *la sentinella*   el centinela
la vedetta   el vigía   *la maschera*   el acomodador
la recluta   el recluta

Y otros que siendo femeninos se aplican a personas de ambos sexos:

la guida   el guía y la guía   *la spia*   el espía y la espía

No faltan tampoco sustantivos que, aun siendo propios de mujer, se consideran masculinos:

> *il soprano*   la soprano
> *il contralto*   la contralto
> *il mezzo soprano*   la mezzosoprano
>
> *Toti Dal Monte era un grande soprano.*
> Toti Dal Monte era una gran soprano.

Son femeninos o pertenecen al género femenino aquellos sustantivos que se refieren a mujer o a profesiones y actividades que tradicionalmente le son propias:

Concetta	Concepción	*ragazza*	muchacha
cuoca	cocinera		

También son femeninos los nombres de animales hembras:

lupa	loba	*gatta*	gata

Los nombres de árboles frutales son casi siempre masculinos:

il pero	el peral	*il mandorlo*	el almendro
il melo	el manzano	*il pesco*	el melocotonero

Pero sus frutos son, por lo general, femeninos:

la pera	la pera	*la mandorla*	la almendra
la mela	la manzana	*la pesca*	el melocotón

Ciertos árboles tienen también masculino el fruto:

l'ananasso	la piña	*il cetro*	el cedro
il pistacchio	el pistacho	*il limone*	el limonero
il lampone	el frambueso	*il fico*	la higuera

Algún árbol, excepcionalmente, es femenino:

l'acacia	la acacia	*la magnolia*	la magnolia

Ciertos frutos tienen un nombre distinto al de la planta:

la quercia	la encina	*la ghianda*	la bellota
la vite	la vid	*l'uva*	la uva
la palma	la palmera	*il dattero*	el dátil

Los nombres de mares, montes y lagos son masculinos:

il Mediterraneo	el Mediterráneo	*il Giura*	el Jura
i Pirinei	los Pirineos	*il Garda*	el Garda

Aunque se encuentran también algunos grandes montes y ríos femeninos:

le Alpi	los Alpes	*le Ande*	los Andes

Los nombres de islas son casi todos femeninos:

la Sicilia	Sicilia	*la Corsica*	Córcega
la Creta	Creta	*le Baleari*	las Baleares

Se exceptúa *Madagascar*, que es masculino: *il Madagascar*.
Los nombres de ríos son masculinos:

il Tevere	el Tíber	*il Po*	el Po
il Reno	el Rhin	*il Tago*	el Tajo

Pero a veces son femeninos los terminados en **-a** o en **-e**:

la Senna	el Sena	*la Loira*	el Loira

Los nombres de los meses y de los días de la semana son masculinos:

il Febbraio	febrero	*il lunedi*	el lunes

Se exceptúa *domenica* («domingo»), que en italiano es femenino.

Género de los nombres por su terminación

Generalmente son masculinos aquellos nombres que terminan en **-o**:

libro	libro	*soldato*	soldado

Y femeninos los acabados en **-a**:

sedia	silla	*donna*	mujer

Se exceptúan algunos nombres, en su mayoría derivados del griego, como *boia* («verdugo»), *capoccia* («cabecilla»), *despota* («déspota»), *dramma* («drama»), *tema*, *dogma*, *monarca*, *pirata*, *patriota*, *pilota* («piloto»), *problema*, *analfabeta* («analfabeto»), *teorema*, *anatema*, *vaglia* («giro postal»), *clima*, *dilemma* («dilema»), *poema*, *sistema*, etc., que son masculinos.

De los nombres terminados en **-e**, unos son masculinos:

padre	padre	*sole*	sol
orefice	joyero	*celibe*	soltero

Y muchos otros, femeninos:

madre	madre	*pace*	paz
legge	ley	*notte*	noche

Los nombres terminados en **-i** generalmente son masculinos:

brindisi	brindis	*tranvai*	tranvía
lunedi	lunes	*colibrì*	colibrí

Aunque bastantes derivados del griego son femeninos:

diocesi	diócesis	*estasi*	éxtasis
analisi	análisis	*metropoli*	metrópolis
dieresi	diéresis	*necropoli*	necrópolis

Eclisi («eclipse») es de género neutro, pero prevalece la forma masculina. *Genesi* («génesis») es femenino, pero se pone también en masculino cuando indica el primer libro de la Biblia: *Il Genesi* («el Génesis»).

Los nombres terminados en **-u** son femeninos:

virtù	virtud	*gioventù*	juventud
gru	grúa, grulla		

Sólo algunos de origen extranjero son masculinos: *caucciù* («caucho»), *zebù* («cebú»).

Los nombres de cosas terminados en consonante, que es una desinencia no italiana, son casi todos masculinos:

il lapis	el lápiz	*il gas*	el gas

Son numerosos los nombres de cosas que tienen dos terminaciones, una masculina acabada en **-o** y otra femenina en **-a**, y que de ordinario expresan conceptos, ideas u objetos diferentes:

baleno	relámpago	*balena*	ballena
collo	cuello	*colla*	cola
colpo	golpe	*colpa*	culpa
costo	coste	*costa*	costa
lotto	lotería	*lotta*	lucha
tappo	tapón	*tappa*	etapa

En otras ocasiones, las dos terminaciones varían ligeramente el matiz de una misma idea u objeto:

fosso (foso)   *fossa* (fosa)
spillo (alfiler) *spilla* (alfiler de broche, joya)

Formación del femenino

Los nombres propios de persona que en masculino acaban en **-e**, **-i**, **-o** forman el femenino en **-a**:

Giovanni	Juan	*Giovanna*	Juana
Agostino	Agustín	*Agostina*	Agustina

Los nombres comunes siguen la misma regla siempre que el masculino termine en **-o** o en **-iere**:

il gatto	el gato	*la gatta*	la gata
il maestro	el maestro	*la maestra*	la maestra
il cugino	el primo	*la cugina*	la prima
il consigliere	el consejero	*la consigliera*	la consejera

Los nombres terminados en **-tore** forman el femenino en **-trice**:

il pittore	el pintor	*la pittrice*	la pintora
lo scrittore	el escritor	*la scrittrice*	la escritora

Muchos nombres que acaban en **-a**, **-e**, **-ore** forman el femenino en **-essa**:

il poeta	el poeta	la poetessa	la poetisa
il duca	el duque	la duchessa	la duquesa
il principe	el príncipe	la principessa	la princesa
il sacerdote	el sacerdote	la sacerdotessa	la sacerdotisa
il dottore	el doctor	la dottoressa	la doctora
il professore	el profesor	la professoressa	la profesora

Hay nombres de persona terminados en **-cida** e **-ista** que en singular tienen una sola forma común a ambos géneros:

l'artista	el/la artista
l'omicida	el/la homicida
il/la violinista	el/la violinista
il/la ciclista	el/la ciclista

Pero en plural siguen la regla general. Así, pues, se dirá:

gli artisti	los artistas	le artiste	las artistas
gli omicidi	los homicidas	le omicide	las homicidas
i violinisti	los violinistas	le violiniste	las violinistas
i ciclisti	los ciclistas	le cicliste	las ciclistas

Otros nombres forman el femenino del modo siguiente:

dio	dios	dea	diosa
eroe	héroe	eroina	heroína
re	rey	regina	reina
gallo	gallo	gallina	gallina

Algunos nombres tienen dos palabras distintas para masculino y femenino, por proceder de raíces diferentes:

uomo	hombre	donna	mujer
maschio	macho	femmina	hembra
padre	padre	madre	madre
fratello	hermano	sorella	hermana
genero	yerno	nuora	nuera
marito	marido	moglie	mujer
celibe	soltero	nubile	soltera
bue	buey	vacca	vaca
montone	carnero	pecora	oveja
becco	chivo	capra	cabra
porco	cerdo	scrofa, troia	cerda

Epicenos

Se trata de nombres que, con un solo género gramatical, designan a seres tanto del sexo masculino como del femenino, sin cambiar el artículo:

il corvo	el cuervo	*la iena*	la hiena

Si se precisa determinar el sexo, se añade la palabra *maschio* o *femina*.

En otros casos, los nombres comunes de seres animados no indican su género atendiendo a su terminación:

lepre	liebre	*cantante*	cantante
artista	artista	*lavorante*	trabajador
nipote	sobrino o nieto	*violinista*	violinista

Estos sustantivos aceptan tanto el artículo masculino **il** como el femenino **la**.

Número

Los sustantivos, además de masculinos o femeninos, pueden ser singulares o plurales. Existen algunos casos en los que una palabra presenta la misma forma tanto para el singular como para el plural. O casos como los sustantivos colectivos que, aun siendo singulares, remiten a un significado plural.

Todas las palabras masculinas, incluso aquellas que en singular no acaban en **-o**, forman el plural con **i**:

il poeta	el poeta	*i poeti*	los poetas
il tassista	el taxista	*i tassisti*	los taxistas
il dottore	el doctor	*i dottori*	los doctores
l'eroe	el héroe	*gli eroi*	los héroes

Todas las palabras que en femenino singular acaban en **-e** forman el plural con **i**:

la cliente	la clienta	*le clienti*	las clientas
la commerciante	la comerciante	*le commercianti*	las comerciantes
la direttrice	la directora	*le direttrici*	las directoras

Las palabras agudas son invariables, por lo que el plural se determina con el artículo:

il papà	el papá	*i papà*	los papás
il caffè	el café	*i caffè*	los cafés

Hay algunos sustantivos que tienen dos plurales, cada uno de ellos con un significado diferente:

il muro	*i muri*	las paredes
	le mura	las murallas

Algunos sustantivos sólo se utilizan en plural:

i pantaloni	los pantalones	*gli occhiali*	las gafas

Las palabras extranjeras aceptadas en italiano no varían en plural:

l'hotel	el hotel	*gli hotel*	los hoteles
il computer	el ordenador	*i computer*	los ordenadores

Sustantivos invariables

● *Annali* («anales»), *fauci* («fauces»), *forbici* («tijeras»), *stoviglie* («vajillas»), *nozze* («nupcias»), *spinaci* («espinacas»).

● Los nombres que acaban en vocal acentuada: *città* («ciudad»), *virtù* («virtud»), *bontà* («bondad»).

● Los monosílabos: *re* («rey»), *gru* («grúa, grulla»).

● Los nombres de ciudades, ríos, montes, países, estados, excepto *America*.

● Los nombres acabados en **-i**: *analisi* («análisis»), *diocesi* («diócesis»).

● Los que terminan en consonante: *gas* («gas»), *bazar* («bazar»).

- Las palabras *vaglia* («giro postal») y *boia* («verdugo»).

- Los sustantivos acabados en **-ie**: *specie* («especie»), *barbarie* («barbarie»). Constituyen excepciones *moglie* («esposa») y *superficie* («superficie»), cuyos plurales son *mogli* y *superfici*, respectivamente.

Plural de los vocablos compuestos

En los vocablos compuestos, por regla general, la forma plural afecta sólo al segundo elemento:

melarancia	naranja	*melarancie*
ragnatela	telaraña	*ragnatele*
pomodoro	tomate	*pomodori*
capolavoro	obra maestra	*capolavori*

Algunos modifican sólo su primera parte:

caposquadra	jefe de escuadra	*capisquadra*
capofila	cabeza de fila	*capifila*
capoufficio	jefe de oficina	*capiufficio*

En otros, sin embargo, la forma plural afecta a ambos elementos:

capocomico	director de compañía cómica	*capicomici*
cartastraccia	papel de estraza	*cartestracce*
capocouco	cocinero mayor	*capicuochi*

Sufijos aumentativos, diminutivos y despectivos

Existen sufijos que modifican el significado de los nombres, formando así los aumentativos y diminutivos, si afectan al tamaño, y los despectivos, cuando la terminación indica desprecio o burla.

Aumentativos (*accrescitivi*)

Se forman cambiando la vocal final por **-one**, **-ona**:

libro	*libr**one***

Son casi siempre masculinos los que en su forma positiva son femeninos:

*spad**a***	*spad**one***
*port**a***	*port**one***

Cuando los sustantivos tienen dos formas, masculina y femenina, las conservan también en la alteración:

*avar**o***	*avar**one***	*avar**a***	*avar**ona***
*fanciull**o***	*fanciull**one***	*fanciull**a***	*fanciull**ona***

Diminutivos (*diminutivi*)

Existe una multitud de sufijos diminutivos: **-ino**, **-ina**, **-etto**, **-etta**:

*cas**a***	*cas**ina***	*cas**etta***
libro	*libr**etto***	

Los nombres que terminan en **-one** toman el sufijo **-cino**, **-cina**:

*bast**one***	*baston**cino***
*pers**ona***	*person**cina***

Son sufijos cariñosos **-ello**, **-ella**:

*baston**cello***	*vecchier**ello***

Pueden tener significado cariñoso o despectivo **-uccio**, **-uccia**:

*cavall**uccio***	*avvocat**uccio***	*Mari**uccia***

Despectivos (*spregiativi*)

Se trata de los sufijos **-accio**, **-azzo**, **-astro**, **-aglia**:

dottor**e**	dottor**accio**
poet**a**	poet**astro**
gent**e**	gent**aglia**

Los sustantivos que expresan la acción o efecto de un objeto terminan en **-ata** (corresponde al castellano **-azo**):

fucil**ata**	fusilazo	baston**ata**	bastonazo
cannon**ata**	cañonazo	occhi**ata**	vistazo

Ejemplos de alteraciones de los vocablos al añadir sufijos aumentativos, diminutivos o despectivos:

Donna («mujer»): donnetta, donnina, donnicciola, donuccia, donnaccia, donnona.
Vecchio («viejo»): vecchietto, vecchierello, vecchiotto, vecchione, vecchiaccio.
Uomo («hombre»): ometto, omino, omicino, omuccio, omicciolo, omaccio, omone.
Naso («nariz»): nasino, nasetto, nasuccio, nasone, nasaccio.

Ejercicios

Ejercicio 1. Escriba el plural de las siguientes palabras:

1. città ....
2. dito ....
3. muro ....
4. strada ....
5. poeta ....
6. lenzuolo ....

Ejercicio 2. Forme el femenino de las siguientes palabras:

1. uomo ....
2. genero ....
3. nonno ....
4. gatto ....
5. direttore ....
6. toro ....

Ejercicio 3. Escriba el masculino de las siguientes palabras:

1. segretaria ....
2. poetessa ....
3. sorella ....
4. maestra ....
5. commessa ....
6. suora ....

Frases útiles

En el hotel

Vorrei prenotare una camera, per favore.
Quisiera reservar una habitación, por favor.

Siamo in tre.
Somos tres.

Devo compilare qualche foglio d'ingresso?
¿Debo rellenar alguna hoja-registro de entrada?

Dove si serve la prima colazione?
¿Dónde se sirve el desayuno?

A che ora dobbiamo lasciare libera la camera?
¿A qué hora tenemos que dejar la habitación?

Parto domani mattina.
Me voy mañana por la mañana.

Può prepararmi il conto, per favore?
¿Puede prepararme la cuenta, por favor?

Accettate carte di credito?
¿Aceptan tarjetas de crédito?

Mi pare che ci sia un errore nel conto.
Creo que hay un error en la factura.

Posso lasciare il mio bagaglio qui fino…?
¿Puedo dejar mi equipaje aquí hasta…?

Adjetivo I

El adjetivo es una palabra que suele acompañar al sustantivo y que forma con él un grupo o sintagma. Su función consiste en matizar y concretar el significado que expresa el sustantivo, con el cual debe concordar siempre en género y número.

la casa bianca la casa blanca   *questi pantaloni* estos pantalones

En las siguientes páginas veremos las distintas clases de adjetivos y sus principales funciones.

Adjetivos calificativos

Con estos adjetivos, los más frecuentes, se indican las dimensiones, colores, características físicas, de carácter, etc., del sustantivo al que acompañan.

En cuanto a la concordancia, los adjetivos obedecen las mismas reglas que los sustantivos:

	Singular	**Plural**
Masculino	-o	-i
	bello («guapo»)	*belli* («guapos»)
Femenino	-a	-e
	bella («guapa»)	*belle* («guapas»)
Masculino y femenino	-e	-i
	giovane («joven»)	*giovani* («jóvenes»)

*Il **cappotto nuovo** di Maria è di Armani.*	*Ho una **borsa nera**.*
El abrigo nuevo de María es de Armani.	Tengo una bolsa negra.
*Luisa ha due **studi spaziosi**.*	*Le **bambine** di Carla sono **bionde**.*
Luisa tiene dos estudios espaciosos.	Las niñas de Carla son rubias.
*Pietro è **giovane**.*	*Marina è **giovane**.*
Pedro es joven.	Marina es joven.
*Paolo e Gianni sono **giovani**.*	*Lucia e Gabriella sono **giovani**.*
Pablo y Juan son jóvenes.	Lucía y Gabriela son jóvenes.

• Los adjetivos cuyo masculino acaba en **-ista** se mantienen invariables en femenino y forman el plural con **-isti**:

ottimista	optimista	*ottimisti*	optimistas

• Los adjetivos **bello** e **quello** delante del sustantivo adoptan las mismas terminaciones que el artículo determinado:

il bambino	*bel bambino*	*il cane*	*quel cane*
lo studente	*bello studente*	*lo spettacolo*	*quello spettacolo*
la donna	*bella donna*	*la chiesa*	*quella chiesa*
l'uomo	*bell'uomo*	*l'orso*	*quell'orso*
i ragazzi	*bei ragazzi*	*i libri*	*quei libri*
gli svedesi	*begli svedesi*	*gli spagnoli*	*quegli spagnoli*
le case	*belle case*	*le prove*	*quelle prove*

• El adjetivo *santo* utilizado delante de nombre propio cambia:

San Pietro, San Paolo, San Francesco
Sant'Antonio, Sant'Agostino
Santa Cecilia, Santa Teresa
Sant'Anna, Sant'Agata

• El adjetivo *grande* pierde la última sílaba cuando refuerza a otro adjetivo:

*È una **gran** bella casa.*	*È un **gran** brutto affare.*
Es una casa muy bonita.	Es un asunto muy malo.

• Al igual que en español, en presencia de un sustantivo masculino y otro femenino, el adjetivo adoptará la forma masculina plural:

Il papà e la mamma di Manuele sono biondi.
El padre y la madre de Manuel son rubios.

• Hay algunos adjetivos que cambian de significado según el lugar que ocupan, al igual que en castellano:

*È un ragazzo **povero**.*
Es un chico pobre.

*È un **povero** ragazzo.*
Es un pobre chico.

*È un **semplice** formulario.*
Es un simple formulario.

*È un formulario **semplice**.*
Es un formulario simple.

Grados de comparación

Los grados de comparación se expresan de la misma manera que en castellano.

Comparativos de superioridad y de inferioridad

Los comparativos de superioridad y de inferioridad se forman anteponiendo al adjetivo positivo, respectivamente, **più** («más») y **meno** («menos»). Los dos términos de la comparación se unen con **di** o **che**.

*Mio fratello è **più** abile **di** te e **meno** diligente **di** tuo padre e del maestro.*
Mi hermano es más hábil que tú y menos aplicado que tu padre y que el maestro.

*Pietro è **più** instruito **che** educato, ma **meno** dotto **che** non si creda (o **di** quel che si creda).*
Pedro es más instruido que educado, pero menos docto de lo que se cree.

Ante sustantivos y pronombres es preferible el uso de **di**, y ante adjetivos (o participios y verbos), **che**. También se emplea **che** entre dos sustantivos.

*Ebbe **più** virtù **che** difetti.*
Tuvo más virtudes que defectos.

Comparativo de igualdad

Se forma con **tanto… quanto** o **così… come**. Delante de adjetivos se omiten a menudo **tanto** y **così**.

• **Così** se emplea sólo delante de adjetivos (o participios) y adverbios; **tanto… quanto** y **così… come** se utilizan con toda clase de palabras. Ejemplos:

> *Alfonso è **tanto** crudele **quanto** vile; ha **tanti** vizi **quanti** può avere; è poi **così** avaro **come** suo zio.*
> Alfonso es tan cruel como vil; tiene tantos vicios como puede tener; además es tan avaro como su tío.

• «Tan… que» se traduce por **tanto, così** o **sì… che**.

> Estoy tan cansado que no puedo dormir.
> *Sono **così** (o **sì, tanto**) stanco **che** non posso dormire.*

A menudo, se sustituye **che** por **da** seguido del verbo en infinitivo:

> *Non sono **così** stanco **da non poter dormire**.*
> No estoy tan cansado como para no poder dormir.
>
> *Non ho **tanto** appetito **da mangiare** tutto il piatto.*
> No tengo tanto apetito como para comerme todo el plato.

• En las frases negativas sucede lo mismo que en castellano, es decir, o se emplea la negación **non**, o se usa el comparativo de inferioridad.

> **Non** è buono come suo fratello.   *È **meno** buono di suo fratello.*
> No es tan bueno como su hermano.   Es menos bueno que su hermano.

Superlativo relativo

Se forma, al igual que en castellano, anteponiendo al comparativo de superioridad o de inferioridad el artículo determinado:

> *Giovanni è **il più** bello, ma anche **il meno** diligente della classe.*
> Juan es el más guapo, pero también el menos aplicado de la clase.

> *I **più** ricchi sono talvolta **i meno** felici.*
> Los más ricos son a veces los menos felices.

Superlativo absoluto

Se forma también como en castellano, es decir:

— con las terminaciones **-issimo** o **-errimo** (los adjetivos que utilizan esta última terminación son, en general, los mismos que en castellano);

— anteponiendo al adjetivo los adverbios **molto** o **assai** («mucho»).

buono («bueno»)	*buonissimo*	*molto (o assai) buono*
libero («libre»)	*liberissimo*	*molto (o assai) libero*
acre («acre»)	*acerrimo*	*molto (o assai) acre*

● **Mísero** («mísero»), **celere** («veloz») y **aspro** («áspero») forman el superlativo absoluto con las terminaciones **-issimo**, la más usada, o **-errimo**.

● Los adjetivos acabados en **-fico** pueden emplear la terminación **-entissimo**:

magnifico («magnífico»)	*magnificentissimo*
benefico («benéfico»)	*beneficentissimo*

Comparativos y superlativos irregulares

Hay adjetivos que, además de la comparación regular, tienen otra formada con una raíz diferente, tal y como sucede en castellano:

	Comparativo	Superlativo
alto («alto»)	superiore	supremo, somino
basso («bajo»)	inferiore	infimo
buono («bueno»)	migliore	ottimo
cattivo («malo»)	peggiore	pessimo
grande («grande»)	maggiore	massimo
piccolo («pequeño»)	minore	minimo

Otros forman sus grados también en **-ore**, **-imo** o **-emo**, pero conservando su propia raíz; los comparativos y superlativos así formados se usan a menudo en sentido positivo. Algunos ejemplos de este grupo son:

esterno («externo»)	esteriore	estremo
interno («interno»)	interiore	intimo

En las comparaciones, mientras que en castellano se emplean los pronombres de persona en el caso nominativo, en el italiano se hará en acusativo.

É più buono di **me**.　　*Arrivò prima di* **te**.
Es más bueno que yo.　　Llegó antes que tú.

Adjetivos numerales

Los adjetivos numerales se dividen en: **cardinali** (cardinales), **ordinali** (ordinales), **collettivi** (colectivos) y **multiplicativi** (multiplicativos).

Cardinales		Ordinales	
I	uno	I	primo
2	due	II	secondo
3	tre	III	terzo
4	quattro	IV	quarto
5	cinque	V	quinto
6	sei	VI	sesto
7	sette	VII	settimo
8	otto	VIII	ottavo

9	nove	IX	nono
10	dieci	X	decimo
11	undici	XI	undicesimo
12	dodici	XII	dodicesimo
13	tredici	XIII	tredicesimo
14	quattordici	XIV	quattordicesimo
15	quindici	XV	quindicesimo
16	sedici	XVI	sedicesimo
17	diciassette	XVII	diciassettesimo
18	diciotto	XVIII	diciottesimo
19	diciannove	XIX	diciannovesimo
20	venti	XX	ventesimo
21	ventuno	XXI	ventunesimo
22	ventidue	XXII	ventiduesimo
30	trenta	XXX	trentesimo
40	quaranta	XL	quarantesimo
50	cinquanta	L	cinquantesimo
60	sessanta	LX	sessantesimo
70	settanta	LXX	settantesimo
80	ottanta	LXXX	ottantesimo
90	novanta	XC	novantesimo
100	cento	C	centesimo
101	centouno	CI	centesimo primo
102	centodue	CII	centesimo secondo
120	centoventi	CXX	centoventesimo
150	centocinquanta	CL	centocinquantesimo
200	duecento	CC	duecentesimo
300	trecento	CCC	trecentesimo
1000	mille	M	millesimo
2000	duemila	MM	duemillesimo

La edad, la fecha y las horas se indican exactamente como en castellano; obsérvese, sin embargo, que con la voz **quarto** en singular se debe usar siempre **un**:

Quanti anni hai?	¿Cuántos años tienes?
Che età ha Lei?	¿Qué edad tiene usted?
Ho 18 anni.	Tengo 18 años.

Quanti ne abbiamo?	¿A cuántos estamos?
Che giorno è oggi?	¿Qué día es hoy?
Oggi è lunedì.	Hoy es lunes.
Oggi è il 20 giugno.	Hoy estamos a 20 de junio.
Che ora è? Che ore sono?	¿Qué hora es?
È l'una; sono le due.	Es la una; son las dos.
Le quattro in punto (o precise).	Las cuatro en punto.
Alle nove meno un quarto vieni a prendermi.	A las nueve menos cuarto ven a buscarme.
All'una e mezzo uscirò.	Saldré a la una y media.
Alle sei meno dieci mi sveglierai.	A las seis menos diez me despertarás.
È mezzogiorno.	Es mediodía.
È mezzanotte.	Es medianoche.

La frase *Dar las horas* se traduce como **suonare**:

Son suonate le cinque.	Han dado las cinco.
Sono appena suonate…	Acaban de dar…
Stanno per suonare…	Van a dar…

Los cardinales son invariables, excepto:

uno	que forma el femenino	*una*
mille	que forma el plural	*mila*
milione	que forma el plural	*milioni*
miliardo	que forma el plural	*miliardi*

Los numerales colectivos son:

un paio	un par
una decina	una decena
una dozzina	una docena
una quindicina	una quincena
una ventina	una veintena
un centinaio	un centenar
un migliaio	un millar

Los ordinales se usan para indicar el primer día de cada mes (*primo novembre*), así como la sucesión de los reyes, emperadores, papas, siglos, etc.: *Luigi decimoquarto*, *Pio dodicesimo*, *Vittorio Emanuele terzo*, *Secolo ventesimo*.

Los numerales multiplicativos se expresan como sigue:

semplice	simple
doppio	doble
triplo	triple
quadruplo	cuádruplo
quintuplo	quíntuplo
sestuplo	séxtuplo
centuplo	céntuplo

Las expresiones *decenne, ventenne, trentenne, centenne*, etc., significan: «de diez, veinte, treinta, cien, etc., años de edad».

Las expresiones *bienio, trienio, decenio, centennio, millennio* significan, respectivamente, espacios de dos, tres, diez, cien, mil años.

Ejercicios

Ejercicio 1. Ponga en plural los siguientes sintagmas:

1. L'amica tedesca ....
2. Il gatto marrone ....
3. Il papà severo ....
4. La casa grande ....
5. Il libro spesso ....

Ejercicio 2. Forme el superlativo de los siguientes adjetivos:

1. Questo esame è .... (facile).
2. Il viaggio è stato .... (lungo).
3. Queste scarpe sono .... (scomode).
4. È una marca .... (cara).
5. Sono .... (contento).

Frases útiles

En la ciudad

Dov'è l'ufficio del turismo?
¿Dónde está la oficina de turismo?

Ha una piantina della città?
¿Tiene un mapa de la ciudad?

Che orario ha il museo?
¿Cuál es el horario del museo?

Quanto costa l'ingresso?
¿Cuánto cuesta la entrada?

C'è lo sconto studenti?
¿Hay descuento para estudiantes?

È permesso fotografare?
¿Está permitido tomar fotografías?

Come faccio ad arrivare a…?
¿Cómo llego a…?

È lontano/vicino?
¿Está lejos/cerca?

Scusi, può mostrarmi sulla mappa…?
¿Puede mostrarme en el mapa…?

Giri a destra/sinistra dopo il semaforo.
Gire a la derecha/izquierda después del semáforo.

Adjetivo II

Adjetivos demostrativos

Los adjetivos demostrativos indican la situación de proximidad o lejanía del nombre al que determinan con respecto al hablante.

	Masculino	Femenino
Singular	*questo* («este»)	*questa* («esta»)
Plural	*questi* («estos»)	*queste* («estas»)
Singular	*quel, quello, quell'* («aquel»)	*quella, quell'* («aquella»)
Plural	*quelli, quegli* («aquellos»)	*quelle* («aquellas»)

Los adjetivos demostrativos preceden al nombre con el cual concuerdan en género y número. **Questo** indica proximidad de la persona u objeto al que nos referimos y **quello**, lejanía.

El demostrativo tiene las mismas variantes que el artículo determinado:

il bambino	*quel bambino*	*l'amica*	*quell'amica*
lo studente	*quello studente*	*i ragazzi*	*quei ragazzi*
l'uomo	*quell'uomo*	*gli studenti*	*quegli studenti*
la donna	*quella donna*	*le case*	*quelle case*

Los adjetivos demostrativos siempre preceden al nombre:

Quel *ragazzo è intelligente.*
Aquel chico es inteligente.

> **Quelle** scarpe sono nuove.
> Aquellos zapatos son nuevos.

> **Questa** casa è grande.
> Esta casa es grande.

> **Questi** esercizi sono difficili.
> Estos ejercicios son difíciles.

Un adjetivo demostrativo y un posesivo pueden encontrarse juntos delante de un sustantivo:

> **Quel tuo** amico non mi piace.
> Aquel amigo tuyo no me gusta.

Adjetivos posesivos

	Singular		Plural	
io	il mio	la mia	i miei	le mie
tu	il tuo	la tua	i tuoi	le tue
lui/lei	il suo	la sua	i suoi	le sue
noi	il nostro	la nostra	i nostri	le nostre
voi	il vostro	la vostra	i vostri	le vostre
loro	il loro	la loro	i loro	le loro

Los adjetivos posesivos preceden al sustantivo:

> **La mia** macchina è rossa.   Mi coche es rojo.

La única forma irregular es la tercera del plural, en la que sólo varía el artículo. Se utiliza cuando los poseedores son dos o más:

> Il bambino di Alessandro e Francesca. **Il loro** bambino.
> La casa di Lorenzo e Diana.   **La loro** casa.
> I libri di Piero e Giulia.   **I loro** libri.
> Le canzoni dei Beatles.   **Le loro** canzoni.

A diferencia del español, en italiano, cuando se utilizan los adjetivos posesivos, la estructura es siempre *artículo + posesivo + sustantivo*, y los tres elementos concuerdan en género y número:

il mio lavoro	mi trabajo
la tua casa	tu casa
i suoi gatti	sus gatos (de él, de ella)
le nostre vacanze	nuestras vacaciones
il vostro dovere	vuestro deber
la loro salute	su salud (de ellos, de ellas)

Al igual que en español, en las enumeraciones de sustantivos que se refieren a la misma persona, el posesivo puede repetirse o no:

*Mi chiesero **il mio** indirizzo, **il mio** numero di telefono e **il mio** codice fiscale.*
Me pidieron mi dirección, mi número de teléfono y mi NIF.

*Mi chiesero **il mio** indirizzo, numero di telefono e codice fiscale.*
Me pidieron mi dirección, número de teléfono y NIF.

Adjetivos indefinidos

Bajo la categoría de adjetivos indefinidos se reúne un conjunto de palabras con función adjetiva que hacen referencia a nociones como cantidad, intensidad, grado, número o modo y que el hablante emplea para referirse a ciertas realidades sin señalarlas con precisión.

abbastanza, sufficiente	bastante, suficiente
alcuno, qualche, qualcuno	alguno
altri	además
altro	otro
certo	cierto
diversi	varios
molto	mucho
nessun	ninguno
ogni	cada
poco	poco
qualsiasi, qualunque	cualquiera
stesso	mismo
tale	tal
tanto	tanto
troppo	demasiado
tutto	todo
uno	uno

Alcune persone ti stavano aspettando.
Algunas personas te estaban esperando.

Ho alcuni libri da leggere.
Tengo algunos libros para leer.

Mi rivolgerò a un' altra persona.
Me dirigiré a otra persona.

Ho comprato un altro paio di scarpe.
He comprado otro par de zapatos.

Avevo sete e ho bevuto molta acqua.
Tenía sed y he bebido mucha agua.

A teatro c'erano poche persone.
En el teatro había pocas personas.

Ha scritto tanti libri?
¿Ha escrito tantos libros?

Ho viaggiato poche volte e quindi conosco pochissimi paesi.
He viajado pocas veces y por lo tanto conozco muy pocos países.

Non c'è nessuna chiamata urgente.
No hay ninguna llamada urgente.

Non ho trovato nessun libro interessante.
No he encontrado ningún libro interesante.

Ogni uomo ha il diritto di esprimersi.
Cada hombre tiene derecho a expresarse.

Compro il giornale ogni giorno.
Compro el periódico cada día.

Qualche donna (alcune donne) preferisce lavorare a casa.
Algunas mujeres prefieren trabajar en casa.

Qualche albero del viale è ammalato.
Algún árbol del paseo está enfermo.

Che venga qualunque idraulico!
¡Que venga un fontanero cualquiera!

Qualsiasi cosa tu dica, non ti crederà.
Cualquier cosa que digas, no va a creerla.

*Ho mangiato **troppo** cioccolato.*
He comido demasiado chocolate.

*C'è **troppa** gente in quel bar.*
Hay demasiada gente en ese bar.

*Ci sono **troppi** pregiudizi.*
Hay demasiados prejuicios.

*Ho conosciuto **tutti** i suoi amici.*
He conocido a todos sus amigos.

***Tutta** la casa è in ordine.*
Toda la casa está ordenada.

Ejercicios

Ejercicio 1. Escriba el posesivo que corresponda en cada caso:

Ej.: La casa di Marta. La sua casa.

1. Il computer (lui). ....
2. Gli amici (noi). ....
3. Il compagno simpatico (voi). ....
4. La sorella di Carla. ....
5. Le borse blu (io). ....

Ejercicio 2. Complete las siguientes oraciones con el indefinido correspondiente:

1. Non hai .... motivo per preoccuparti.
2. Nel tuo tema ci sono .... errori.
3. C'è .... macchina parcheggiata in strada.
4. Darò una caramella a .... bambino.
5. Vuoi un' .... tazza di caffè?

Frases útiles

Diversiones

C'è qualche spettacolo interessante stasera?
¿Hay algún espectáculo interesante esta noche?

Al cinema c'è una bella programmazione.
En el cine hay un programa estupendo.

Mi piacerebbe andare al cinema.
Me gustaría ir al cine.

Vuol dirmi, per piacere, a che ora incomincia lo spettacolo?
¿Puede decirme cuándo comienza la sesión?

A che ora finisce?
¿A qué hora termina?

Ci sono posti per questa sera?
¿Hay localidades para esta noche?

Questi vanno bene. Quanto costano?
Me quedo estas. ¿Cuánto cuestan?

Cosa possiamo fare stasera?
¿Qué podemos hacer esta noche?

Conosci un buon ristorante?
¿Conoces un buen restaurante?

Andiamo a bere qualcosa?
¿Te gustaría ir a tomar algo?

Pronombres I

Pronombres personales

Pronombres personales de sujeto

io	yo	*noi*	nosotros/as
tu	tú	*voi*	vosotros/as
lui, lei (egli, ella)	él, ella	*loro (essi, esse)*	ellos/as
Lei	usted		

Normalmente el pronombre precede al verbo y no es obligatorio ponerlo:

lo mangio una mela.
Yo como una manzana.

Mangio una mela.
Como una manzana.

Pronombres de complemento directo

mi	me	*ci*	nos
ti	te	*vi*	os
lo, la, La	lo, la	*li, le*	los, las

*Pietro **mi** guarda.*
Pedro me mira.

Io vi rispetto.
Yo os respeto.

Apri la finestra? Sì, la apro.
¿Abres la ventana? Sí, la abro.

Chiamiamo Sandro? Sì, lo chiamiamo.
¿Llamamos a Sandro? Sí, lo llamamos.

Por lo general, estos pronombres preceden al verbo, excepto en el gerundio, el imperativo y el infinitivo:

Stanno preparandolo (il pranzo).
Están preparándola (la comida).

Aprila (la finestra).
Ábrela (la ventana).

Sto per finirlo (il lavoro).
Estoy a punto de acabarlo (el trabajo).

Pronombres de complemento indirecto

Átonos	Tónicos	
mi	*a me*	me
ti	*a te*	te
gli, le, Le	*a lui, a lei, a Lei*	le
ci	*a noi*	nos
vi	*a voi*	os
gli, loro	*a loro*	les

Marco mi parla.
Marco me habla.

Gli chiedo un libro.
Le pido un libro (a él).

Le chiedo un libro.
Le pido un libro (a ella).

Gli comunico il risultato dell'esame.
Les comunico el resultado del examen (a ellos).

Comunico loro il risultato dell'esame.
Les comunico el resultado del examen (a ellas).

En español, el pronombre personal de complemento indirecto sólo conserva el número del sustantivo eludido. En italiano, en cambio, hay pronombres masculinos y femeninos:

Parlo a Giuseppe.	**Gli** parlo.	Le hablo.
Parlo a Maria.	**Le** parlo.	Le hablo.
Parlo a Giacomo e a Roberto.	Parlo **loro.**/**Gli** parlo.	Les hablo.
Parlo a Marta e a Giulia.	Parlo **loro.**/**Gli** parlo.	Les hablo.

Pronombres demostrativos

	Masculino	Femenino
Singular	*questo* («este»)	*questa* («esta»)
Plural	*questi* («estos»)	*queste* («estas»)
Singular	*quello* («aquel»)	*quella* («aquella»)
Plural	*quelli* («aquellos»)	*quelle* («aquellas»)

Los pronombres demostrativos sustituyen a un nombre con el cual concuerdan en género y número:

*Togli **questo** (piatto) e metti **quello**!*
¡Quita este (plato) y pon aquel!

La forma italiana correspondiente a los pronombres demostrativos neutros *(esto, eso, aquello)* es **ciò**:

*** Ciò** mi dispiace molto.*
Esto me preocupa mucho.

Pronombres posesivos

	Singular		Plural	
io	*il mio*	*la mia*	*i miei*	*le mie*
tu	*il tuo*	*la tua*	*i tuoi*	*le tue*
lui/lei	*il suo*	*la sua*	*i suoi*	*le sue*
noi	*il nostro*	*la nostra*	*i nostri*	*le nostre*
voi	*il vostro*	*la vostra*	*i vostri*	*le vostre*
loro	*il loro*	*la loro*	*i loro*	*le loro*

Los pronombres posesivos tienen la misma forma que los adjetivos. Siguen al sustantivo al cual se refieren y concuerdan con él en género y número.

Se utilizan muchas veces en respuestas:

*Di chi è questa penna? È **la mia**.*
¿De quién es esta pluma? Es mía.

O en preguntas:

*Andiamo con la mia macchina o con **la tua**?*
¿Vamos con mi coche o con el tuyo?

Aunque también pueden emplearse en expresiones como la siguiente:

*Restituiscimi **ciò che è mio**.*
Devuélveme lo mío.

En este caso, la expresión **ciò che è mio** es una estructura pronominal posesiva de género neutro.

Ejercicios

Ejercicio 1. Escriba el pronombre de complemento directo adecuado:

1. Chi mangia la pera? .... mangio io.
2. Ho visto Marcello. Sei sicuro che .... fosse?
3. Mi impresti i tuoi appunti? Si, te .... impresto volentieri.
4. Vedi i nostri cugini? No, no .... vedo.
5. Cucino il secondo piatto. .... cucino io.

Ejercicio 2. Escriba el posesivo que corresponda en cada caso, teniendo en cuenta que puede ser singular o plural:

Ej.: Il cane di Lella. Il suo.

1. Il cappotto di Maria ....
2. La casa dei nonni ....
3. Le scarpe di Pietro ....
4. La musica di Paolo ....
5. Gli zaini dei bambini ....

Frases útiles

En el restaurante

Ho un tavolo prenotato a nome di…
Tengo una mesa reservada a nombre de…

Cameriere, mi può portare il menù, per favore?
Camarero, ¿me puede traer el menú, por favor?

Ci serva prima degli antipasti assortiti.
Sírvanos primero unos entremeses variados.

Ci può consigliare qualcosa di speciale?
¿Puede aconsejarnos algo especial?

Qual è il vostro piatto del giorno?
¿Cuál es el plato del dia?

Vorrei una bottiglia di vino rosso e anche dell'acqua minerale non gassata.
Quisiera una botella de vino tinto y también agua mineral sin gas.

Scaloppine al limone e triglie alla livornese.
Escalopines con limón y salmonetes a la livornesa.

Di contorno, zucchine fritte e carciofi in pastella.
De guarnición, calabacines fritos y alcachofas rebozadas.

Vogliamo il tiramisù e la torta di mele.
Queremos tiramisú y tarta de manzana.

Cameriere, il conto, per favore.
Camarero, la cuenta, por favor.

Pronombres II

Pronombres indefinidos

Bajo la categoría de pronombres indefinidos se reúne un conjunto de palabras con función pronominal que hacen referencia a nociones como cantidad, intensidad, grado, número o modo y que el hablante emplea para referirse a ciertas realidades sin señalarlas con precisión.

alcuno, qualche, qualcuno	alguno
altri	demás
altro	otro
chiunque	cualquiera, quienquiera
ciascuno, ognuno	cada uno, cada cual
diversi	varios
molto	mucho
nessuno	nadie, ninguno
niente	nada
poco	poco
qualcosa	algo
qualcuno	alguien
qualsiasi, qualunque	cualquiera
stesso	mismo
tale	tal
tanto	tanto
troppo	demasiado
tutto	todo
uno	uno

*Hai delle fotografie di quella casa? Sì, ne ho **alcune**.*
¿Tienes fotografías de aquella casa? Sí, tengo algunas.

*Un **altro** al tuo posto sarebbe contento.*
Otro, en tu lugar, estaría satisfecho.

*Non racconto i miei problemi a **chiunque**.*
No cuento mis problemas a cualquiera.

***Chiunque** venga, dì che non ci sono.*
Quienquiera que venga, dile que no estoy.

*Prendetene una **ciascuno**.*
Coged una cada uno.

***Ciascun** giovane vuole divertirsi.*
Los jóvenes quieren divertirse.

*In questa città i monumenti storici sono **pochi**.*
En esta ciudad los monumentos históricos son pocos.

***Nessuno** è interessato a questa proposta.*
Nadie está interesado en esta propuesta.

Pronombres reflexivos

Son aquellos pronombres que indican que el sujeto que realiza la acción descrita por el verbo es también quien la recibe. En italiano, son los siguientes:

mi	me	ci	nos
ti	te	vi	os
si	se	si	se

Siempre anteceden al verbo, excepto en las construcciones **stare per + infinitivo** y **potere, volere** o **dovere + infinitivo**, en donde también pueden colocarse inmediatamente después:

Mi lavo.	Me lavo.
Ti puoi alzare.	Te puedes levantar.
Puoi alzar**ti**.	Puedes levantarte.
Ci vogliamo vedere.	Nos queremos ver.
Vogliamo veder**ci**.	Queremos vernos.

En las oraciones formadas con verbos reflexivos, es obligatorio incluir el pronombre reflexivo, pero no el sujeto:

*Tu **ti** vuoi sposare.*
Tú te quieres casar.

***Ti** vuoi sposare.*
Te quieres casar.

Los verbos reflexivos más comunes son los siguientes:

alzarsi	levantarse	*radersi*	afeitarse
andarsene	irse	*salutarsi*	saludarse
coricarsi	acostarse	*sedersi*	sentarse
lavarsi	lavarse	*vestirsi*	vestirse
pettinarsi	peinarse		

A pesar de que, por regla general, como ya hemos visto, el pronombre reflexivo debe preceder siempre al verbo, en las perífrasis de gerundio e infinitivo y en las construcciones de verbos modales con infinitivos el orden es más libre:

***Mi** sto lavando i capelli.*
Me estoy lavando el pelo.

*Sto lavando**mi** i capelli.*
Estoy lavándome el pelo.

*Possiamo seder**ci** qui.*
Podemos sentarnos aquí.

***Ci** possiamo sedere qui.*
Nos podemos sentar aquí.

Los pronombres *ne* y *ci*

Se trata de dos pronombres que no poseen una traducción exacta en español.

El pronombre **ne** es un partitivo y se combina normalmente con adverbios de cantidad, numerales e indefinidos. Sustituye casi siempre a un complemento directo, aunque puede reemplazar también un complemento de lugar o del nombre:

*Bevi tutto il vino? No, **ne** bevo un bicchiere.*
¿Bebes todo el vino? No, bebo un vaso.

*Conosci quelle persone? **Ne** conosco una sola.*
¿Conoces a aquellas personas? Sólo conozco a una.

*Sei andato alla riunione? Sì, **ne** vengo adesso.*
¿Has ido a la reunión? Sí, vengo ahora.

El pronombre **ci** tiene varias funciones. Las más habituales son la sustitución de un complemento de lugar, el refuerzo del pronombre directo (en cuyo caso cambia a la forma **ce**) y la sustitución del complemento indirecto:

*Vieni al cinema? Sì, **ci** vengo.*
¿Vienes al cine? Sí, vengo.

*Hai i documenti? Sì, **ce li** ho.*
¿Tienes los papeles? Sí, los tengo.

Pronombres interrogativos

che, quale, quali, che cosa	qué
quale, quali	cuál, cuáles
chi	quién, quiénes

El pronombre interrogativo **chi** es singular, se refiere a personas y puede ir precedido por cualquier preposición. **Che cosa** se refiere a cosas y es singular. **Quale** y **quali** se refieren a cosas, animales o personas.

Las frases interrogativas pueden ser directas o indirectas: en las primeras el pronombre se coloca al comienzo de la frase y el signo de interrogación al final; en las segundas no hay signo de interrogación y el interrogativo se coloca en el lugar del complemento por el que se pregunta:

Chi *è la persona che sta entrando?*
¿Quién es la persona que está entrando?

*Gli chiesi **chi** era la persona che stava entrando.*
Le pregunté quién era la persona que estaba entrando.

Qual *è il tuo libro preferito?*
¿Cuál es tu libro preferido?

*Gli chiesi **qual** è il suo libro preferito.*
Le pregunté cuál era su libro preferido.

Pronombres relativos

che, cui	que
chi, che, il/la quale, i/le quali	quien, quienes
quale, quali	cual, cuales
il/la cui, del/della quale	cuyo, cuya
i/le cui, dei/delle quali	cuyos, cuyas

• **Che** es invariable y se puede referir a personas, animales y cosas. Funciona como sujeto o complemento directo en la oración subordinada:

*Il ragazzo **che** parla è mio fratello.*
El chico que habla es mi hermano.

• **Il quale**, **la quale**, **i quali** y **le quali** pueden utilizarse en lugar de **che**. Deben concordar con la persona a la cual se refieren:

*Tutti i ragazzi, **i quali** hanno passato l'esame, possono presentarsi al concorso.*
Todos los chicos, los cuales hayan aprobado, pueden presentarse a la oposición.

• En el caso de que se deba sustituir cualquier otro complemento que no sea directo, se puede escoger entre dos opciones: o bien la combinación de una preposición y el relativo **cui**, o bien una contracción junto con los relativos **quale** o **quali**:

*La persona **di cui** ti parlo è un mio collega.*
La persona de la que te hablo es un compañero de trabajo.

*La persona **della quale** ti parlo è un mio collega.*
La persona de la cual te hablo es un compañero de trabajo.

• **Chi** es un pronombre masculino singular y nunca se remite a un sustantivo antecedente. Puede sustituirse por **colui** o por **colei che** en singular o por **coloro che** en plural:

***Chi** mangia troppo, ingrassa.*
Quien come demasiado engorda.

Colui che mangia troppo, ingrassa.
Aquel que come demasiado engorda.

• **Il che** y **la qual cosa** son los relativos que se refieren a la oración principal por completo, y hacen las funciones de sujeto o de complemento directo:

*Ti ho detto la verità, **il che** è onesto.*
Te he dicho la verdad, lo cual es honesto.

• **Ciò che** y **la cosa che** corresponden al español *lo que*. Realizan funciones de sujeto o de complemento directo:

Ciò che dici è vero.
Lo que dices es cierto.

• Cuando el relativo **cui** está precedido por una contracción, equivale al relativo posesivo *cuyo*:

*Il bambino, **del cui** problema abbiamo già parlato, è molto timido.*
El niño, de cuyo problema ya hemos hablado, es muy tímido.

Ejercicios

Ejercicio 1. Complete las siguientes oraciones con el indefinido correspondiente:

1. Vuoi .... da bere?
2. .... sa il nuovo indirizzo di Pietro?
3. Vieni qui. Ho .... da raccontarti.
4. Rispiegamelo. Non ha capito ....
5. Un chilo di pasta per quattro persone? È ....!

Ejercicio 2. Escriba el pronombre relativo más adecuado:

1. Gli amici .... andiamo sovente sono Luca e Anna.
2. Le cose .... devo pensare sono molte.

3. La città .... abito è grande.
4. Non mi piace il modo .... si esprime Maurizio.
5. Vivo in una casa vecchia .... d'inverno è molto umida.

Frases útiles

De compras

Dove posso comprare…?
¿Dónde puedo comprar…?

Quanto costa?
¿Cuánto cuesta?

Me lo può avvolgere?
¿Me lo puede envolver?

Signorina, avete questo modello soltanto in nero?
Señorita, ¿este modelo sólo lo tiene en negro?

C'è una taglia più grande/piccola?
¿Tiene una talla más grande/más pequeña?

Può farmi vedere il modello che è in vetrina?
¿Puede enseñarme el modelo del escaparate?

Vorrei vedere orecchini/anelli/braccialetti/collane.
Quisiera ver pendientes/sortijas/brazaletes/collares.

Vorrei un libro di storia della città.
Quiero un libro de historia de la ciudad.

È perfetto, sì, lo prendo.
Es perfecto, me lo llevo.

Accettate la carta di credito?
¿Aceptan tarjetas de crédito?

Preposiciones

Uso de las preposiciones más importantes

En italiano las preposiciones rigen, como en español, el complemento, ya sea directa, ya indirectamente. En el primer caso son simples; en el segundo se trata de locuciones adverbiales compuestas casi todas con las preposiciones **di**, **a**, **da**.

Ya hemos visto las preposiciones articuladas más comunes: **a**, **da**, **di**, **in**, **per**, **su**. Examinemos ahora su uso:

I. A:

— Indica movimiento hacia un lugar (ciudades o pueblos):

*Vado **a** Firenze.*   Voy a Florencia.

Pero cuando se trata de naciones, regiones o provincias, se usa la preposición **in**:

*Vado **in** Inghilterra.*   *Noi andiamo **in** Lombardia*
Voy a Inglaterra.   Vamos a Lombardía.

— El lugar donde uno se encuentra:

*Sono **a** Roma.*   Estoy en Roma.

— Tiempo:

*Mi sono alzata **alle** nove.* Me he levantado a las nueve.

— Modo:

*Tu parli **a** casaccio.* *Chiudere **a** chiave*
Hablas a tontas y a locas. Cerrar con llave.

— Distribución:

***A** due **a** due.* De dos en dos.

NOTA: El acusativo italiano no lleva nunca la preposición **a**:

Beatrice chiama sua sorella. Beatriz llama a su hermana.

2. Da:

— Indica lugar de donde se viene:

*Vengo **da** Roma.* Vengo de Roma.

— Origen:

*Il fiume nasce **dal** monte.* El río nace de la montaña.

— Causa:

*Tremare **dal** freddo.* Temblar de frío.

— Distancia:

*Dista cinque chilometri **da** Genova.* Se halla a cinco kilómetros de Génova.

— Uso:

*Sala **da** pranzo.* *Carta **da** scrivere.*
Comedor. Papel para escribir.

— A casa de:

*Vado **dalla** nonna.* Voy a casa de la abuela.

— Complemento agente:

*Lo scolaro è stato premiato **dal** maestro.*
El alumno fue premiado por el maestro.

— Tiempo:

*Non vedo Carlo **da** tre giorni.*   No veo a Carlos desde hace tres días.

— En nombre de:

*Vengo **da** parte di mia madre.*   Vengo de parte de mi madre.

— Separación:

*Mi allontanai **da** lei.*   Me alejé de ella.

— Diferencia:

*Questa penna è diversa **dalla** mia.*   Esta pluma es diferente de la mía.

3. Di:

— Indica materia:

*Questa statua è **di** marmo.*   Esta estatua es de mármol.

— Posesión:

*La casa **di** mio fratello.*   La casa de mi hermano.

— Denominación:

*La città **di** Roma.*   La ciudad de Roma.

— Comparación:

*Pietro è più alto **di** Paolo.*   Pedro es más alto que Pablo.

— Causa:

*Morire **di** fame.*   Morir de hambre.

— Tiempo:

*Carlo giunse **di** notte.*   Carlos llegó de noche.

— Origen:

Sono di Milano. Soy de Milán.

4. In:

— Indica tiempo:

Giulio fece il compito in due ore. Julio hizo los deberes en dos horas.

— Materia:

Statua in bronzo. Estatua de bronce.

— Lugar a donde se va, si se trata de una nación, provincia o región, o donde se está:

Vado in Svizzera. *Vado in Catalogna.* *Sto in ufficio.*
Voy a Suiza. Voy a Cataluña. Estoy en el despacho.

— Cantidad:

Eravamo in quattro. Éramos cuatro.

5. Per:

— Lugar por el cual se pasa:

Passai per Firenze. Pasé por Florencia.

— Tiempo:

Lo attesi per due ore. Lo aguardé durante dos horas.

— Movimiento hacia un lugar:

Partirò per Milano. Iré a Milán.

— Medio:

Ti ho spedito il libro per posta. Te envié el libro por correo.

— Causa:

*Batte i denti **per** il freddo.*   Castañetea los dientes de frío.

— Fin:

*Silvio studia **per** imparare.*   Silvio estudia para aprender.

— Cantidad:

*Questo pane serve **per** tre.*   Este pan es para tres.

6. Su:

— Indica lugar:

*Sono salito **sulla** montagna.*   *Salì **sul** tetto.*
He subido al monte.   Subió al tejado.

Otras preposiciones y locuciones preposicionales

a causa di, a cagione di	a causa de
a dispetto di	a despecho de, en detrimento de
a forza di	a fuerza de
a guisa di	a manera de, a modo de
accanto a	al lado de
addosso a	encima de, sobre
attraverso	a través de
circa	acerca de, respecto a
conforme a	conforme a
contro	contra
davanti a, dinanzi	delante de
dentro di	dentro de
di fronte a	en frente de
dietro a	detrás de

(Continúa)

dopo a, dopo di	después de
durante	durante
eccetto, fuorchè	excepto
fin da, sin da	desde
fuori	fuera de
in mezzo a	en medio de
in quanto a	acerca de, tocante a
in virtù di	en virtud de
intorno a	alrededor de, en torno a
lungi da, lontano da	lejos de
lungo	a lo largo de
oltre	más allá de
oltre a	además de
per mezzo di	por medio de
presso	junto a
prima di	antes de
rispetto a	en cuanto a, respecto a
salvo, tranne	salvo, excepto
secondo	según
senza	sin
senza di	sin
sopra	sobre, encima de
sopra a	encima de
sotto	debajo de, bajo
sotto a	debajo de
sotto di	debajo de
verso	hacia

Ejercicios

Ejercicio 1. Escriba la preposición adecuada:

1. La professoressa .... spagnolo è simpatica.
2. Partiamo .... le vacanze giovedì sera.

3. Andate .... Firenze alla mostra di pittura?
4. Luigi e Marina vanno .... Francia tutti gli anni.
5. Ciao, sono arrivato .... Roma cinque minuti fa.

Ejercicio 2. Complete con la preposición adecuada:

1. Ieri sera i ragazzi sono andati al cinema .... Carlo.
2. .... questo argomento non c'è più niente da dire.
3. Quanti chilometri ci sono .... Torino e Milano?
4. .... queste due giacche non so quale scegliere.
5. Dove andiamo a cena stasera? Andiamo .... Mario.

Frases útiles

En el banco

Dov'è lo sportello automatico più vicino?
¿Dónde está el cajero más cercano?

Quando apre la banca?
¿A qué hora abre el banco?

Devo cambiare dei travelers' cheque.
Tengo que cambiar cheques de viaje.

Mi può cambiare in moneta, per favore?
Por favor, ¿puede darme cambio?

Dove posso ritirare dei soldi?
¿Dónde puedo sacar dinero?

Ho dimenticato il mio pin.
He olvidado mi contraseña.

Lo sportello automatico ha trattenuto la mia carta.
El cajero automático ha retenido mi tarjeta.

Può dirmi se è stato ricevuto un trasferimento da…?
¿Puede decirme si ha llegado una transferencia de…?

C'è un problema con il mio conto.
Hay un problema con mi cuenta.

Dove devo firmare?
¿Dónde tengo que firmar?

Adverbios

Los adverbios pueden ser de **modo** (modo), **tempo** (tiempo), **luogo** (lugar), **quantità** (cantidad), **affermazione** (afirmación), **negazione** (negación) y **dubbio** (duda).

Adverbios de modo

La mayor parte de los adverbios de modo derivan de adjetivos calificativos a los que se añade la terminación **-mente**:

grande   grandemente   *dolce   dolcemente*

Si el adjetivo termina en **-le** o **-re**, pierde la **e** final delante del sufijo **-mente**, pero si estas dos terminaciones van precedidas de consonante, la conservan:

facile	*facilmente*	*debole*	*debolmente*
particolare	*particolarmente*	*molle*	*mollemente.*

così	así
come	como
bene	bien
male	mal
a caso	casualmente
a gara	a porfía

(Continúa)

apposta	adrede, expresamente
a tentoni, a tastoni	a tientas
di soppiatto	a hurtadillas
adagio	despacio
in fretta	aprisa
appena	apenas, muy poco
senz'altro	sin más, desde luego
a casaccio	al azar
sottovoce	en voz baja
piano	bajito, despacio
alla rinfusa	confusamente
alla carlona, alla buona	sin cuidado
all'impazzata	locamente
alla leggera	ligeramente
supinamente, supino	boca arriba
bocconi	boca abajo
carponi	a gatas
penzoloni	colgando
balzelloni	a saltos
ginocchioni	a horcajadas
insieme	juntos
svelto	ligero
altrimenti	de otra manera, en caso contrario
a memoria	de memoria
piuttosto	más bien
affatto, mica	de ninguna manera

Adverbios de tiempo

oggi	hoy
ieri, ieri l'altro, avant'ieri	ayer, anteayer
domani, dopo domani	mañana, pasado mañana
domani l'altro	pasado mañana
oggi giorno	hoy en día
presto	pronto
subito	enseguida, al instante
tra (fra) poco	dentro de poco

(Continúa)

ora, adesso	ahora
stanotte	esta noche
già	ya
giammai	jamás, nunca
ormai	ahora ya
allora	entonces
frattanto, intanto	entretanto, mientras tanto
dopo, poi	después, luego
or, ora	ahora mismo
spesso, sovente	a menudo
ancòra	todavía, aún
sempre più	cada vez más
stamane, stamattina	esta mañana
stasera	esta tarde
prima, innanzi, dianzi	antes
tardi	tarde
mai	nunca
indi, quindi, in seguito	luego, después, más adelante, a continuación
alle volte, delle volte	a veces
più volte	muchas veces
ad un tratto	de repente
di botto	de golpe
poco fa	hace poco, poco ha
allorchè, allorquando, quando	cuando
ad un tempo	a la vez
un pezzo, a lungo	largo rato, hace tiempo
non appena	tan pronto como
finora, sinora	hasta ahora
appena	no bien, hace un instante

Adverbios de lugar

qui, qua	aquí, acá
quaggiù	aquí abajo
quassù	aquí arriba
lì	allí

(Continúa)

là	allá, allí
lassù	allá arriba
laggiù	allà abajo
sotto	debajo
giù	abajo
su	arriba, encima
di qua	hacia acá, aquende
al di là, oltre	más allí, hacia allá
dovunque, ovunque	en cualquier parte
di qui	por aquí
di lì	por allí
di là	por allá, hacia allí
dappertutto	por todas partes
in disparte	aparte
davanti, dinanzi	delante
in dietro, dietro	detrás, atrás
vicino, qui vicino	cerca, aquí cerca
lontano, lungi	lejos
dirimpetto, in faccia, di fronte	enfrente
dove, ove	donde
altrove	en otro sitio
fuori	fuera
accanto a	al lado de
presso	cerca, junto

Adverbios de cantidad

poco	poco
molto, assai	mucho
troppo	demasiado, excesivo
alquanto	algo, bastante
affatto	del todo
quasi, pressochè	casi
soltanto, solo	solamente, sólo
meno	menos
abbastanza	bastante
oltremodo	sobremanera

(Continúa)

anche, pure	también
perfino, persino	hasta, incluso
neanche, neppure	ni siquiera
punto, mica, nulla, niente	nada
insomma	en suma
a buon mercato	barato
circa, all'incirca	aproximadamente
pressappoco	poco más o menos, aproximadamente
su per giù	aproximadamente

Adverbios de afirmación

sì	sí
certo, certamente	ciertamente
sicuro, sicuramente	seguro
senza'altro	sin duda
senza dubbio	sin duda
veramente	realmente
davvero	de veras
appunto	precisamente

Adverbios de negación

no, non	no
niente affatto	de ningún modo
neppure, neanche	ni siquiera
giammai	jamás
nemmeno	tampoco
mai	nunca

Adverbios de duda

forse, chissà	quizá, tal vez, acaso
possibilmente	posiblemente
probabilmente	probablemente

Ejercicios

Ejercicio 1. Forme adverbios de modo acabados en *-mente*:

1. bello: ....
2. corretto: ....
3. amaro: ....
4. ricco: ....
5. abbondante: ....

Ejercicio 2. Complete con *anche* o *neanche* las siguientes frases:

1. A me non piace il calcio e a mio fratello ....
2. Io vado allo spettacolo delle sei; vieni .... tu?
3. Mi sono dimenticato molte cose, non ho .... telefonato ai miei.
4. Saverio ha gli occhi castani e .... sua sorella ce li ha.
5. Non ho fame e .... sete.

Frases útiles

Pedir información

Non riesco a trovare/vedere/capire…
No puedo encontrar/ver/entender…

Mi può dire/aiutare?
¿Puede decirme/ayudarme?

Può dirmi quando arriviamo a…?
¿Me puede decir cuándo llegaremos a…?

È molto gentile.
Es muy amable.

Potrebbe dirmi dove posso noleggiare una macchina?
¿Podría decirme dónde puedo alquilar un coche?

C'è un autobus per l'aeroporto?
¿Hay un autobús para el aeropuerto?

A che ora e da dove parte?
¿A qué hora sale y de dónde?

Quanto dura il viaggio?
¿Cuánto dura el viaje?

Quanto tempo c'è da aspettare?
¿Cuánto tiempo hay que esperar?

Mi potrebbe dire qual è il numero di...?
¿Podría decirme cuál es el número de...?

Conjunciones
e interjecciones

Las conjunciones y locuciones conjuntivas permiten conectar elementos de una misma oración o bien una oración con otra. Se dividen en dos categorías: coordinantes y subordinantes.

Conjunciones coordinantes

Las conjunciones coordinantes más frecuentes son **e** («y»), **o** («o»), **ma** («pero») y **che** («que»).

La conjunción **e**, en combinación con **anche** («también»), **inoltre** («además») y **neanche**, **neppure** o **nemmeno** («tampoco»), forma el grupo de las copulativas, que sirven básicamente para unir dos elementos (palabras, sintagmas u oraciones):

*Mia sorella **e** suo marito vengono a cena.*
Mi hermana y su marido vienen a cenar.

*Non ho fame **e neanche** sete.*
No tengo hambre y sed tampoco.

Cuando las conjunciones **e** y **o** preceden a una palabra que empieza con vocal, especialmente con **e-** u **o-**, se les suele añadir una **d** eufónica. Aunque no se trata de una regla obligatoria, se da tanto en el habla como en la lengua escrita:

*Giuseppe è simpatico **ed** estroverso.*   *Ami **od** odi quella persona?*
José es simpático y extrovertido.   ¿Amas u odias a aquella persona?

Las conjunciones disyuntivas, que denotan separación, diferencia o alternancia entre dos o más personas o cosas, son las siguientes: **o** («o»), **ossia** («o sea»), **oppure** («o bien»), **ovvero** («o bien»):

*Possiamo andare al cinema **oppure** fermarci a casa.*
Podemos ir al cine o bien quedarnos en casa.

*Preferisci andare al mercato **o** nei negozi?*
¿Prefieres ir al mercado o de tiendas?

Las conjunciones **ma** («pero»), **tuttavia** («sin embargo»), **però** («pero»), **peraltro** («no obstante») denotan oposición o diferencia entre la frase que precede y la que sigue, y se denominan *conjunciones adversativas*:

*Gliel'ho offerto **ma** non l'ha voluto.*
Se lo he ofrecido, pero no lo ha querido.

*Sono arrivati alle otto, **tuttavia** erano in ritardo.*
Han llegado a las ocho; sin embargo, llevaban retraso.

Las conjunciones distributivas, cuyos términos se repiten, indican alternancia: **sia... sia** («ya... ya»), **tanto... quanto** («tanto... como»), **cosí... come** («ya... ya, así... como»), **né... né** («ni... ni»):

*Gli ho telefonato **sia** a casa **sia** in ufficio, ma non l'ho trovato.*
Le he llamado a casa y al despacho, pero no lo he encontrado.

*Non risolverai la situazione **né** arrabbiandoti **né** andandotene.*
No solucionarás la situación ni enfadándote ni yéndote.

Conjunciones subordinantes

Son aquellas que unen una oración subordinada a la principal, de manera que las dos formen una unidad significativa completa.

Oración principal	Conjunción	Oración subordinada
Andremo a casa sua	**se**	*non piove.*
Iremos a su casa	si	no llueve.

Causales

che	que	*perché*	porque
dato che	puesto que, dado que	*poiché*	ya que, como
giacché	como, ya que	*siccome*	dado que
per quanto	por cuanto	*visto che*	ya que

Estas conjunciones y locuciones exigen siempre un verbo en indicativo:

Siccome *ho molto da fare, non uscirò con voi.*
Dado que tengo muchas cosas que hacer, no saldré con vosotros.

Poichè *era piovuto molto, il fiume straripò.*
Como había llovido mucho, el río se desbordó.

Concesivas

anche se	así, aunque, si bien
benché	a pesar de que, aunque
malgrado	a pesar de que, pese a que
nonostante	aunque
per quanto	por más que, por mucho que
quantunque	aun cuando
sebbene	aunque, si bien

Las conjunciones **benché**, **malgrado** y **quantunque** exigen siempre verbos en subjuntivo:

Malgrado *tu sia arrivato tardi, ti servirò il pranzo.*
A pesar de que has llegado tarde, te daré la comida.

Anche se, en cambio, regirá un verbo en indicativo cuando se refiera a un hecho real y en subjuntivo cuando plantee una posibilidad:

*Anche se **sarà** nuvoloso andrò in spiaggia.*
Aunque está nublado, iré a la playa.

*Anche se **fosse** nuvoloso, andrei in spiaggia.*
Aunque estuviera nublado iría a la playa.

Condicionales

ammesso che	siempre que
nel caso in cui	en caso de que
a condizione che	a condición de que
a meno che	a menos que
a patto che	con tal que
purché	como, con que, con tal que
qualora	si acaso
se	si

Purché, **qualora**, **se**, **ammesso che** y **a patto che** exigen verbos en subjuntivo:

*Farò qualunque cosa **purchè** la bambina si **senta** a suo agio.*
Haré cualquier cosa con tal que la niña se encuentre a gusto.

***Ammesso** che non **piova**, domani andremo in gita.*
Siempre que no llueva, mañana iremos de excursión.

*Te la impresto **a patto che** tu me la **renda** martedì.*
Te la dejo con tal que me la devuelvas el martes.

Sin embargo, **se** puede regir un verbo en indicativo si se expresa una condición real:

*Se ti **fa** male la testa, prendi un'aspirina.*
Si te duele la cabeza, toma una aspirina.

*Se ti **facesse** male la testa, prenderesti un'aspirina.*
Si te doliese la cabeza, tomarías una aspirina.

Consecutivas

allora	conque, luego, pues
cosicché	así que, de manera que, de modo que
che	que
di conseguenza	por consiguiente
dunque	luego, pues
in modo tale che	de tal modo que, para
in modo che	de modo que, para
pertanto	por lo tanto
quindi	por lo tanto
talché	de manera que

In modo che y **cossiché** rigen verbos en subjuntivo:

*Pranziamo presto **in modo che** tu possa prendere il treno delle tre.*
Comemos pronto para que tú puedas coger el tren de las tres.

*Mi trovo così bene qui **che** non me ne posso andare.*
Me encuentro tan bien aquí que no puedo irme.

Finales

affinchè	a fin de que, para que
perchè	para que
col proposito di	con el propósito
allo scopo di	a efectos de (que)
a tale scopo	a tal fin
con lo scopo di	con el fin de, con el objeto de

Todas las conjunciones y locuciones finales rigen verbos en subjuntivo, excepto **con lo scopo di**, que exige infinitivo:

*Lo dico **affinchè** lo sappiate.*
Lo digo para que lo sepáis.

***Con lo scopo di** arrivare prima siamo venuti in macchina.*
Con el fin de llegar antes hemos venido en coche.

Modales

come	como, según	*in conformità*	conforme
come se	como si	*nel modo in cui*	según
comunque	de cualquier modo	*in questo modo*	de este modo

Las conjunciones modales, al igual que en los casos anteriores, regirán verbos en indicativo o subjuntivo según se desee expresar situaciones reales o hipotéticas, respectivamente:

> *Fallo come ti sembra meglio.*
> Hazlo como te parezca mejor.

> *L'ho fatto come mi aveva detto.*
> Lo hice como él me había dicho.

Temporales

appena	apenas, tan pronto como
non appena	en cuanto
dopo che	después de que
finché	hasta que
mentre	mientras
ogni volta che	siempre que
prima che	antes de que
quando	cuando
da quando	desde cuando, desde que
fin quando	hasta que
al tempo in cui	al mismo tiempo

A diferencia del español, las conjunciones y locuciones temporales sólo rigen verbos en indicativo:

> *Quando piove non portiamo i bambini al parco.*
> Cuando llueve no llevamos a los niños al parque.

> *Sta in camera sua finchè non ha finito i compiti.*
> Se queda en su habitación hasta que acaba los deberes.

Interjecciones

Las principales interjecciones son las siguientes:

Ah! Dio mio!	¡Ah! ¡Ay, Dios mío!
Oh! quale fortuna!	¡Oh, qué dicha!
Ahi! me infelice!	¡Ah, desdichado de mí!
Deh! lascialo!	¡Ah, déjalo!
Ehi! vuoi tacere!	¡Eh, quieres callar!
Ahimè!	¡Ay de mí!
Guai a te!	¡Ay de ti!
Bada! attenzione!	¡Cuidado!
Gran Dio!	¡Válgame Dios!
Peccato!	¡Lástima!
Suvvia, animo!	¡Ea, ánimo!
Magari!	¡Ojalá!
Perbacco!	¡Caracoles!
Dagli, dalle!	¡Dale!
Neppur per sogno!	¡Ca! ¡Ni soñarlo!
Su, via, andiamo, presto!	¡Ea, vaya, vamos allá!
Davvero!	¡De veras!
Capperi!	¡Caramba!
Che! via!	¡Hombre, vaya!

Ejercicios

Ejercicio 1. Escoja entre las siguientes conjunciones coordinantes la más apropiada para cada oración: **e nemmeno, oppure, tuttavia, nè, però**:

1. Non mangia .... beve.
2. Non sono d'accordo, ... accetto.
3. Vieni .... resti qui?
4. Passa .... mi saluta.
5. E' una casa cara, ... è bella.

Ejercicio 2. Escoja entre las siguientes conjunciones subordinantes la más apropiada para cada oración: **sebbene, poichè, affinchè, come se, quando**:

1. Si comporta .... fosse lui il capo.
2. Parlavo ad alta voce .... mi setissero meglio.
3. .... non abbia studiato, è stato promosso.
4. .... l'ho visto l'ho salutato.
5. .... ti piace questo libro, te lo regalo.

Frases útiles

En el camping

Dov'è il campeggio più vicino?
¿Dónde está el camping más cercano?

Si può piantare la tenda qui?
¿Se puede plantar la tienda aquí?

Possiamo affittare una tenda?
¿Podemos alquilar una tienda?

Dov'è la toeletta?
¿Dónde están los lavabos?

Quanto costa a persona/tenda/roulotte?
¿Cuánto cuesta por persona/tienda/caravana?

L'acqua è potabile?
¿El agua es potable?

Possiamo accendere fuoco?
¿Podemos encender fuego?

Ci sono docce?
¿Hay duchas?

Per cortesia, mi può prestare una lanterna?
Por favor, ¿me puede prestar una linterna?

Dove posso parcheggiare la macchina?
¿Dónde puedo aparcar el coche?

Verbo I

El verbo es el núcleo de la oración y, en cierto modo, la base del discurso: no hay mensaje sin oración y, de hecho, no hay oración sin verbo. A través de su significado transmitimos la acción, la desarrollamos en el tiempo y la remitimos a un sujeto y unos complementos que conforman el contexto significativo.

Modelos de conjugación

El sistema verbal italiano se compone de tres conjugaciones:

Primera conjugación:	raíz verbal + **-are**	*cantare*	cantar
Segunda conjugación:	raíz verbal + **-ere**	*temere*	temer
Tercera conjugación:	raíz verbal + **-ire**	*sentire*	sentir

Es muy importante saber a qué conjugación pertenecen los verbos, porque a partir del infinitivo se forman el futuro, el pretérito imperfecto de indicativo, el condicional simple y el pretérito imperfecto de subjuntivo:

cantare	*cantarò, cantavo, cantarei, cantassi* cantaré, cantaba, cantaría, cantase
temere	*temerò, temevo, temerei, temessi* temeré, temía, temería, temiese
sentire	*sentirò, sentivo, sentirei, sentissi* sentiré, sentía, sentiría, sintiese

Modos verbales

Al igual que en español, en italiano la acción se caracteriza a través de los modos verbales indicativo, subjuntivo, condicional e imperativo. Además, la gramática italiana considera como tales las formas de infinitivo, gerundio y participio.

Modo indicativo

Constituye el fundamento del discurso, ya que todas las oraciones principales se forman con verbos en indicativo. Siempre expresa acciones reales que se han desarrollado en el pasado, que se llevan a cabo en el presente o que sucederán en el futuro:

Quando piove c'è molta umidità.
Cuando llueve hay mucha humedad.

Domenica verrò a casa tua.
El domingo vendré a tu casa.

Modo subjuntivo *(congiuntivo)*

Se utiliza en muchas de las oraciones subordinadas. Expresa acciones posibles pero que no han sucedido ni tienen por qué suceder:

Spero che tu guarisca.
Espero que te pongas bien.

Voglio che tu sia più energico.
Quiero que seas más enérgico.

Temevamo che la porta fosse chiusa.
Temíamos que la puerta estuviera cerrada.

Modo condicional *(condizionale)*

Expresa el efecto de una condición o una duda. Suele ser el núcleo de la oración principal, si bien también puede aparecer en una subordinada:

Se non piovesse, andremmo a passeggio.
Si no lloviese, iríamos de paseo.

Quasi, quasi venderei la casa...
Casi que vendería la casa...

Modo imperativo

Expresa una orden directa. En la lengua hablada se acompaña de una entonación más fuerte; en la escrita se transcribe con un signo de admiración final.

Forma parte siempre de oraciones principales. A diferencia de los demás modos verbales, sólo presenta las formas, singular y plural, de la segunda persona:

Abbi pazienza!
¡Ten paciencia!

Sedetevi qui e non muovetevi!
¡Sentaos aquí y no os mováis!

Si fuese preciso referirse a otra persona verbal, habría que servirse del presente de subjuntivo:

Sbrighiamoci!
¡Démonos prisa!

Infinitivo (*infinito*), gerundio y participio

Son tres formas sin conjugación que no precisan ni la persona ni el número, si bien indican levemente el tiempo de la acción. Por lo general, constituyen el núcleo verbal de algunas oraciones subordinadas:

*Vi piacerebbe **pranzare** al ristorante?*
¿Os gustaría comer en el restaurante?

Ritornando a casa, ho incontrato Pietro.
Volviendo a casa, encontré a Pedro.

*Pur **avendo lavorato** tutta la vita, gli operai hanno una pensione insufficiente.*
A pesar de haber trabajado durante toda su vida, los obreros tienen una jubilación insuficiente.

Prendendo il treno, arrivi prima.
Cogiendo el tren, llegas antes.

Tiempo y persona verbales

A cada modo verbal le corresponden unos cuantos tiempos que determinan cuándo se lleva a cabo la acción:

	Tiempos simples	Tiempos compuestos
Indicativo	*presente*	*passato prossimo*
	presente	pretérito perfecto
	imperfetto	*trapassato prossimo*
	imperfecto	pretérito pluscuamperfecto
	passato remoto	*trapassato remoto*
	pretérito indefinido	pretérito anterior
	futuro	*futuro anteriore*
	futuro simple	futuro perfecto
Subjuntivo	*presente*	*passato*
	presente	pretérito perfecto
	imperfetto	*trapassato*
	imperfecto	pluscuamperfecto
Condicional	*presente (semplice)*	*passato (composto)*
	simple	compuesto
Imperativo	*presente*	
	presente	
Gerundio	*presente*	*passato*
	presente	pasado
Participio	*presente*	*passato*
	presente	pasado
Infinitivo	*presente*	*passato*
	presente	pasado

Los pronombres personales de sujeto son los mismos que en español:

io («yo»)	*noi* («nosotros»)
tu («tú»)	*voi* («vosotros»)
lui, lei («él, ella»)	*loro* («ellos, -as»)
Lei («usted»)	

Verbos auxiliares *essere* y *avere*

En italiano, tanto para indicar la esencia y cualidades intrínsecas de personas y cosas como para denotar las cualidades accidentales de las mismas, se usa siempre el verbo **essere** («ser»), mientras que en español se distingue entre *ser* y *estar*, usándose aquel en el primer caso y este último en el segundo.

*Io **sono** italiano.*
Yo soy italiano.

*Io **sono** in piedi.*
Estoy de pie.

El verbo **avere** («haber»), además de servir como auxiliar, se usa también para expresar la idea de posesión.

*Io **ho** incontraro un amico.*
He encontrado un amigo.

*Io **ho** un libro.*
Tengo un libro.

Tanto *essere* como *avere* ejercen de auxiliares para sí mismos:

*Io **sono** stato.*
Yo he sido.

*Io **ho** avuto.*
Yo he tenido.

Se utiliza el auxiliar *essere* para:

— La forma pasiva de todos los verbos:

Io sono lodato dai miei genitori.
Yo soy alabado por mis padres.

— Todas las construcciones impersonales y reflexivas:

Si è parlato.
Se ha hablado.

Mi sono difeso.
Me he defendido.

— Se conjugan con *essere* los verbos intransitivos que significan un hecho, como *esistere* («existir»), *nascere* («nacer»), *morire* («morir»), *guarire* («curar»), *crescere* («crecer»), etc., y casi todos los verbos que indican movimiento, como *an-*

dare («ir»), *accorrere* («acudir»), *cadere* («caer»), *fuggire* («huir»), *uscire* («salir»), *venire* («venir»), etc.

Se conjugan con *essere* o *avere* los verbos *appartenere* («pertenecer»), *correre* («correr»), *finire* («acabar»), *vivere* («vivir»), *mancare* («faltar»), *salire* («subir») y algunos otros.
Se conjugan con el auxiliar **avere**:

— Todos los verbos transitivos en forma activa:

Io ho chiamato Maria.
He llamado a María.

— Los verbos intransitivos que significan una acción, como *cenare* («cenar»), *piangere* («llorar»), *digiunare* («ayunar»), *dormire* («dormir»), *godere* («gozar»), *gridare* («gritar»), *nuocere* («dañar»), *passeggiare* («pasearse»), *penetrare* («penetrar»), *ridere* («reír»), *tacere* («callar»), *parlare* («hablar»), etc., y todos los que indican voces de animales.

Conjugación de los verbos auxiliares

Avere

Indicativo

Presente	Passato prossimo	Imperfetto	Trapassato prossimo
io ho	io ho avuto	io avevo	io avevo avuto
tu hai	tu hai avuto	tu avevi	tu avevi avuto
lui, lei ha	lui, lei ha avuto	lui, lei aveva	lui, lei aveva avuto
noi abbiamo	noi abbiamo avuto	noi avevamo	noi avevamo avuto
voi avete	voi avete avuto	voi avevate	voi avevate avuto
loro hanno	loro hanno avuto	loro avevano	loro avevano avuto

Passato remoto	Trapassato remoto	Futuro semplice	Futuro anteriore
io ebbi	io ebbi avuto	io avrò	io avrò avuto
tu avesti	tu avesti avuto	tu avrai	tu avrai avuto
lui, lei ebbe	lui, lei ebbe avuto	lui, lei avrà	lui, lei avrà avuto
noi avemmo	noi avemmo avuto	noi avremo	noi avremo avuto
voi aveste	voi aveste avuto	voi avrete	voi avrete avuto
loro ebbero	loro ebbero avuto	loro avranno	loro avranno avuto

Congiuntivo

Presente	*Passato*	*Imperfetto*	*Trapassato*
io abbia	io abbia avuto	io avessi	io avessi avuto
tu abbia	tu abbia avuto	tu avessi	tu avessi avuto
lui, lei abbia	lui, lei abbia avuto	lui, lei avesse	lui, lei avesse avuto
noi abbiamo	noi abbiamo avuto	noi avessimo	noi avessimo avuto
voi abbiate	voi abbiate avuto	voi aveste	voi aveste avuto
loro abbiano	loro abbiano avuto	loro avessero	loro avessero avuto

Condizionale

Presente	*Passato*
io avrei	io avrei avuto
tu avresti	tu avresti avuto
lui, lei avrebbe	lui, lei avrebbe avuto
noi avremmo	noi avremmo avuto
voi avreste	voi avreste avuto
loro avrebbero	loro avrebbero avuto

Imperativo

Presente
—
abbi
abbia
abbiamo
abbiate
abbiano

Infinito

Presente	*Passato*
avere	avere avuto

Participio

Presente	*Passato*
avente	avuto

Gerundio

Presente	*Passato*
avendo	avendo avuto

ESSERE

Indicativo

Presente	*Passato prossimo*	*Imperfetto*	*Trapassato prossimo*
io sono	io sono stato/a	io ero	io ero stato/a
tu sei	tu sei stato/a	tu eri	tu eri stato/a
lui, lei è	lui, lei è stato/a	lui, lei era	lui, lei era stato/a
noi siamo	noi siamo stati/e	noi eravamo	noi eravamo stati/e
voi siete	voi siete stati/e	voi eravate	voi eravate stati/e
loro sono	loro sono stati/e	loro erano	loro erano stati/e

Passato remoto	*Trapassato remoto*	*Futuro semplice*	*Futuro anteriore*
io fui	io fui stato/a	io sarò	io sarò stato/a
tu fosti	tu fosti stato/a	tu sarai	tu sarai stato/a
lui, lei fu	lui, lei fu stato/a	lui, lei sarà	lui, lei sarà stato/a
noi fummo	noi fummo stati/e	noi saremo	noi saremo stati/e
voi foste	voi foste stati/e	voi sarete	voi sarete stati/e
loro furono	loro furono stati/e	loro saranno	loro saranno stati/e

Congiuntivo

Presente	Passato	Imperfetto	Trapassato
io sia	io sia stato/a	io fossi	io fossi stato/a
tu sia	tu sia stato/a	tu fossi	tu fossi stato/a
lui, lei sia	lui, lei sia stato/a	lui, lei fosse	lui, lei fosse stato/a
noi siamo	noi siamo stati/e	noi fossimo	noi fossimo stati/e
voi siate	voi siate stati/e	voi foste	voi foste stati/e
loro siano	loro siano stati/e	loro fossero	loro fossero stati/e

Condizionale		Imperativo

Presente	Passato	Presente
io sarei	io sarei stato/a	—
tu saresti	tu saresti stato/a	sii
lui, lei sarebbe	lui, lei sarebbe stato/a	sia
noi saremmo	noi saremmo stati/e	siamo
voi sareste	voi sareste stati/e	siate
loro sarebbero	loro sarebbero stati/e	siano

Infinito		Participio		Gerundio	
Presente	Passato	Presente	Passato	Presente	Passato
essere	essere stato/a/i/e	ente	stato/a/i/e	essendo	essendo stato/a/i/e

Verbos regulares e irregulares

Todos los verbos pertenecen a una de las tres conjugaciones (**-are, -ere, -ire**) y la mayoría son regulares. Si en el presente del indicativo no lo son, mantendrán cierta irregularidad también en el futuro, el condicional, el presente de subjuntivo y el participio pasado. Muchos verbos irregulares son de uso frecuente; entre los principales se encuentran los siguientes:

andare	ir	rimanere	permanecer
bere	beber	salire	subir
dare	dar	sapere	saber
dire	decir	scegliere	escoger
dovere	deber	uscire	salir
fare	hacer	venire	venir
potere	poder	volere	querer

En el apéndice puede consultarse la conjugación de estos verbos.

Conjugación de los verbos regulares

Las conjugaciones verbales del italiano son tres: la primera termina en **-are**, la segunda, en **-ere**, y la tercera, en **-ire**:

Prima (1.ª)	*Segunda (2.ª)*	*Terza (3.ª)*
parl**are**	tem**ere**	sent**ire**
(«hablar»)	(«temer»)	(«sentir»)

Modo Infinito

Presente

parl**are**	tem**ere**	sent**ire**
(«hablar»)	(«temer»)	(«sentir»)

Gerundio presente

parl**ando**	tem**endo**	sent**endo**

Participio passato

parl**ato/a/i/e**	tem**uto/a/i/e**	sent**ito/a/i/e**

Modo Indicativo

Presente

parl**o**	tem**o**	sent**o**
parl**i**	tem**i**	sent**i**
parl**a**	tem**e**	sent**e**
parl**iamo**	tem**iamo**	sent**iamo**
parl**ate**	tem**ete**	sent**ite**
parl**ano**	tem**ono**	sent**ono**

Imperfetto

parl**avo**	tem**evo**	sent**ivo**
parl**avi**	tem**evi**	sent**ivi**
parl**ava**	tem**eva**	sent**iva**
parl**avamo**	tem**evamo**	sent**ivamo**
parl**avate**	tem**evate**	sent**ivate**
parl**avano**	tem**evano**	sent**ivano**

Passato remoto

parlai	temei, etti	sentii
parlasti	temesti	sentisti
parlò	temè, ette	sentì
parlammo	tememmo	sentimmo
parlaste	temeste	sentiste
parlarono	temerono, ettero	sentirono

Futuro semplice

parlerò	temerò	sentirò
parlerai	temerai	sentirai
parlerà	temerà	sentirà
parleremo	temeremo	sentiremo
parlerete	temerete	sentirete
parleranno	temeranno	sentiranno

Modo Congiuntivo

Presente

parli	tema	senta
parli	tema	senta
parli	tema	senta
parliamo	temiamo	sentiamo
parliate	temiate	sentiate
parlino	temano	sentano

Imperfetto

parlassi	temessi	sentissi
parlassi	temessi	sentissi
parlasse	temesse	sentisse
parlassimo	temessimo	sentissimo
parlaste	temeste	sentiste
parlassero	temessero	sentissero

Modo Condizionale

Presente

parlerei	temerei	sentirei
parleresti	temeresti	sentiresti
parlerebbe	temerebbe	sentirebbe
parleremmo	temeremmo	sentiremmo
parlereste	temereste	sentireste
parlerebbero	temerebbero	sentirebbero

Particularidades ortográficas

PRIMERA CONJUGACIÓN

• Los verbos cuya raíz termina en **c** o **g** mantienen el mismo sonido en toda la conjugación. Para conseguirlo, se inserta una **h** entre la raíz y las desinencias que comiencen por **e** o **i**. Veamos algunos ejemplos:

pregare («rezar»)
IND. PRES.: prego, preghi, prega, preghiamo, pregate, pregano
FUTURO: pregherò, pregherai, pregherà, pregheremo, pregherete, pregheranno

mancare («faltar»)
IND. PRES.: manco, manchi, manca…
FUTURO: mancherò, mancherai, mancherà…

• Los verbos cuya raíz acaba en **ci** o **gi** pierden la **i** delante de las desinencias que empiezan por **e** o **i**:

cominciare («comenzar»)
IND. PRES.: comincio, cominci, comincia…
FUTURO: comincerò, comincerai, comincerà…

mangiare («comer»)
IND. PRES.: mangio, mangi, mangia…
FUTURO: mangerò, mangerai, mangerà…

• En otros verbos, cuya raíz finaliza en **i**, se conserva esta **i** delante de las desinencias que comienzan con **i** cuando sobre esta cae el acento, y se suprime cuando es átona. Desaparece, por ejemplo, en *vegliare*, y se conserva en *obliare*:

vegliare («vigilar»)
IND. PRES.: veglio, vegli, veglia, vegliamo, vegliate, vegliano
CONG. PRES.: vegli, vegli, vegli, vegliamo, vegliate, veglino

obliare («olvidar»)

IND. PRES.: oblio, oblii, oblia, obliamo, obliate, obliano
CONG. PRES.: oblii, oblii, oblii, obliamo, obliate, obliino

SEGUNDA CONJUGACIÓN

En la segunda conjugación, los verbos cuya raíz termina en **c** o **g** pueden clasificarse en dos grupos, en función de si el infinitivo es llano o esdrújulo.

Los verbos cuyo infinitivo es llano son pocos; además, todos son irregulares y mantienen el sonido sonoro, como en el caso de *piacere* («agradar»).

Los verbos con infinitivo esdrújulo unen a su raíz las diferentes desinencias, por lo que pueden tener un sonido sordo o sonoro, dependiendo de cuál sea la vocal inicial de la desinencia. He aquí algunos ejemplos:

leggere («leer»)

IND. PRES.: leggo, leggi, legge, leggiamo, leggete, leggono
IMPERFETTO: leggevo, leggevi, leggeva, leggevamo, leggevate, leggevano
FUTURO: leggerò, leggerai, leggerà, leggeremo, leggerete, leggeranno
CONG. PRES.: che io legga, che tu legga, che egli legga, che noi leggiamo, che voi leggiate, che essi leggano

Los verbos regulares de la segunda conjugación, además de las desinencias **-ei, -è, -erono**, en el *passato remoto* tienen otras: **-etti, -ette, -ettero**, que se usan más o menos dependiendo de cada verbo:

temere («temer»)	*credere* («creer»)
io temei, temetti	io credei, credetti
egli («ella») temè, temette	egli («ella») credè, credette
loro temerono, temettero	loro crederono, credettero

Observación: Cuando la raíz del verbo termina en doble **t**, no se usan nunca las terminaciones **-etti**, **-ette**, **-ettero**. Así, se dirá: *reflettei*, *riflettè*, etc., de *riflettere* («reflejar, reflexionar»).

Tercera conjugación

Algunos verbos, como *vestire* («vestir»), *dormire* («dormir»), *partire* («partir»), *fuggire* («huir»), *cucire* («coser»), *sentire* («sentir»), *servire* («servir») y algún otro, añaden directamente al tema las desinencias, como se ha visto en el verbo modelo.

Formación de los tiempos compuestos

Los tiempos compuestos se pueden formar con el auxiliar **essere** o **avere** seguido del **participio passato**.

Passato prossimo: auxiliar en *indicativo presente* + *participio passato: io ho parlato*
Traspassato prossimo: auxilar en *indicativo imperfetto* + *participio passato: io avevo parlato*
Traspassato remoto: auxiliar en *indicativo passato remoto* + *participio passato: io ebbi parlato*
Futuro anteriore: auxiliar en *indicativo futuro semplice* + *participio passato: io avrò parlato*
Congiuntivo passato: auxiliar en *congiuntivo presente* + *participio passato: che io abbia parlato*
Congiuntivo traspassato: auxiliar en *congiuntivo imperfetto* + *participio passato: che io avessi parlato*
Condizionale passato: auxiliar en *condizionale presente* + *participio passato: io avrei parlato*
Infinito passato: auxiliar en *infinito* + *participio passato: avere parlato*
Gerundio passato: auxiliar en *gerundio presente* + *participio passato: avendo parlato*

Ejercicios

Ejercicio 1. Conjugue el verbo entre paréntesis en presente de indicativo:

1. Luigi .... un piatto di spaghetti. (mangiare)
2. Noi .... molta sete. (avere)
3. Quando voi .... a trovarci? (venire)
4. I Rossi .... sempre in vacanza a luglio. (andare)
5. Io .... andare al cinema. (preferire)

Ejercicio 2. Conjugue los verbos entre paréntesis en futuro simple y en futuro perfecto:

1. Dopo che .... i biglietti, ... per Milano. (io-fare-partire)
2. Quando ...., ...un caffè. (noi-pranzare-prendere)
3. Quando .... un po', ... meglio. (voi-dormire-stare)
4. Dopo che .... con il direttore, ... chiarire la loro situazione. (loro-parlare-potere)
5. Quando .... il procedimento, ... questo lavoro molto facile. (tu-capire-trovare)

Ejercicio 3. Conjugue los verbos entre paréntesis en modo condicional:

1. Ho fame, ... volentieri un panino. (mangiare)
2. .... vedere questo paio di scarpe, per favore. (volere)
3. Se avessimo tempo, ... anche noi. (venire)
4. Giacomo ha detto che ...., ma non l'abbiamo visto. (venire)
5. Chiedi se Marisa .... un caffè? (bere)

Frases útiles

Buscando objetos perdidos

Ieri sera ho perso miei occhiali.
Ayer por la noche perdí mis gafas.

Ho dimenticato il mio ombrello nel ristorante.
Olvidé mi paraguas en el restaurante.

Ho perso la chiave della mia camera.
He perdido la llave de mi habitación.

Qualcuno ha trovato una macchina fotografica nella sala da pranzo?
¿Alguien ha encontrado una cámara fotográfica en el comedor?

Ho dimenticato dove ho parcheggiato la mia macchina.
He olvidado dónde aparqué el coche.

Non trovo il mio ingresso.
No encuentro mi entrada.

Lei ha visto una valigetta nera?
¿Ha visto un maletín negro?

Quando la lasciò?
¿Cuándo lo dejó?

Due ore fa.
Hace dos horas.

Nessuno mi ha detto nulla. Lei ha chiesto al receptionist?
Nadie me ha dicho nada. ¿Le ha preguntado al recepcionista?

Verbo II

Verbos reflexivos

Los verbos reflexivos van acompañados de los pronombres **mi**, **ti**, **si**, **ci**, **vi**, que hacen las veces de complemento directo.

La acción expresada por estos verbos se refleja sobre el mismo sujeto que la ejecuta.

Los verbos reflexivos, en italiano, toman como auxiliar **essere**, mientras que en castellano utilizan el verbo *haber*.

Pueden ser reflexivos tanto los verbos transitivos como los intransitivos.

Modelo de conjugación de un verbo reflexivo

PENTIRSI («arrepentirse»)

Indicativo

Presente	Passato prossimo	Imperfetto	Trapassato prossimo
io mi pento	io mi sono pentito	io mi pentivo	io mi ero pentito
tu ti penti	tu ti sei pentito		
egli si pente	egli si è pentito		
noi ci pentiamo	noi ci siamo pentiti		
voi vi pentiti	voi vi siete pentiti		
essi si pentono	essi si sono pentiti		

Passato remoto	Trapassato remoto	Futuro semplice	Futuro anteriore
io mi pentii	io mi fui pentito	io mi pentirò	io mi sarò pentito

Presente	**Gerundio semplice**	**Participio passato**
pentirsi	pentendosi	pentitosi

Verbos impersonales

Son impersonales aquellos verbos que indican fenómenos atmosféricos y únicamente se conjugan en la tercera persona del singular:

albeggiare	alborear
aggiornare, farsi giorno	amanecer
annottare, farsi notte	anochecer
balenare, lampeggiare	relampaguear
brinare	escarchar
diluviare	diluviar
gelare	helar
grandinare	granizar
nevicare	nevar
piovere	llover
piovigginare	lloviznar
sgelare	deshelar
tuonare	tronar

Ieri **ha piovuto** per tutto il giorno.
Ayer llovió durante todo el día.

L'inverno scorso **ha nevicato** *molto.*
El pasado invierno nevó poco.

Existen además otros verbos y construcciones que en algunos casos se emplean sólo de modo impersonal:

accadere	suceder	*capitare*	ocurrir
bastare	bastar	*sembrare*	parecer
bisogna	hay que	*succedere*	ocurrir

Accade/capita spesso che le persone non siano puntuali.
Ocurre a menudo que las personas no son puntuales.

*Organizzati come vuoi, **basta** che tu finisca il lavoro oggi.*
Organízate como quieras, basta con que acabes el trabajo hoy.

***Sembra** che ci sia piú lavoro.*
Parece que hay más trabajo.

Por otra parte, algunos pronombres, cuando acompañan al verbo, hacen que la oración sea impersonal. Tal es el caso de **si** («se»):

*In quel ristorante **si mangia** molto bene.*
En aquel restaurante se come bien.

*In campagna **ci si rilassa**.*
*In campagna **uno si rilassa**.*
En el campo uno se relaja.

Cuando la estructura impersonal se forma con el verbo *essere*, los adjetivos concuerdan en plural:

***Si è contenti** quando **si è riposati**.*
Uno está contento cuando está relajado.

Perífrasis verbales

Las perífrasis verbales son estructuras formadas por dos verbos. Por lo general, permiten concretar mejor la acción del verbo principal. Por ejemplo, la siguiente oración matiza cuándo se va a llevar a cabo la acción:

Sto per partire.   Estoy a punto de partir.

Las perífrasis más utilizadas son las siguientes:

— **stare** (conjugado en los tiempos simples) + gerundio:

Stavate parlando.   Estabais hablando.

— **stare per** (conjugado en los tiempos simples) + infinitivo:

Sto per cambiare casa.
Estoy a punto de cambiar de piso.

— verbo auxiliar + **appena** + participio:

Ho appena cenato.
Acababa de cenar.

— **dovere, volere** o **potere** + infinitivo:

Ho dovuto accettare l'invito.
He tenido que aceptar la invitación.

Sono potuti venire anche loro.
Han podido venir ellos también.

— **mettersi a** + infinitivo:

Mi sono messo a lavorare al computer.
Me he puesto a trabajar con el ordenador.

— **continuare a** + infinitivo:

Continuo a pensare che l'imputato è innocente.
Sigo pensando que el acusado es inocente.

— **cominciare a** + infinitivo:

Abbiamo cominciato a fare questo lavoro ma non sappiamo se lo finiremo.
Hemos empezado a hacer este trabajo, pero no sabemos si lo acabare-
mos.

— **smettere di** + infinitivo:

Perchè avete smesso di studiare?
¿Por qué habéis dejado de estudiar?

— **finire per** + infinitivo:

Visti i risultati, ho finito per dargli ragione.
Vistos los resultados, he acabado por darle la razón.

— **riuscire a** + infinitivo:

Sei riuscito a superare l'esame?
¿Has logrado pasar el examen?

A pesar de su aparente sencillez, el uso de las perífrasis verbales puede presentar dificultades. Una oración como *He estado ordenando el piso* no se puede traducir por *Sono stato ordinando l'appartamento*, ya que *sono stato* es un tiempo compuesto. En estos casos habrá que emplear el pretérito perfecto: *Ho ordinato l'appartamento*.

Verbos transitivos e intransitivos

Los conceptos de transitividad e intransitividad nos ayudarán a aclarar cuál es la naturaleza del verbo y qué complementos exige. De este modo, podremos construir oraciones correctamente.

Un verbo transitivo es aquel que exige un sujeto y un complemento directo. Un método bastante fiable para detectar el complemento directo consiste en saber *qué* es lo que predica el verbo.

Maria mangia una mela.   *Che cosa mangia? Una mela.*
María come una manzana.   ¿Qué come? Una manzana.

Así pues, *Maria* es el sujeto, *mangia*, el verbo y *una mela*, el complemento directo. Ahora bien, no siempre resulta tan sencillo. Veamos el siguiente ejemplo:

Maria vede Paola.   *Chi vede Maria? Paola.*
María ve a Paula.   ¿A quién ve María? A Paula.

Obsérvese cómo hemos tenido que cambiar de interrogativo para hallar el complemento directo. Mientras que **che** permite hallar los complementos directos formados a partir de sustantivos de animal o cosa, aquellos que se refieren a personas sólo responden al interrogativo **chi**, equivalente a nuestro *quién*. Por otra parte, no debemos olvidar que en italiano el complemento directo nunca puede ser introducido por la preposición **a**.

Otro método consiste en pasar la oración de la forma activa a la pasiva:

Maria mangia la mela. *La mela è mangiata da Maria.*
María come la manzana.   La manzana es comida por María.

Tal como podemos ver, ambas frases son comprensibles y correctas. El sujeto de la oración pasiva *(la mela)* es el complemento directo de la activa. Lo mismo ocurre con los complementos directos de persona:

Maria vede Paola. *Paola è vista da Maria.*
María ve a Paula.   Paula es vista por María.

Los verbos intransitivos son aquellos que sólo exigen el sujeto y prescinden del complemento directo. Si una oración de este tipo se construye en forma pasiva resulta incomprensible:

Maria va a Milano. *Milano è andata da Maria.*
María va a Milán.   Milán es ido por María.

Los verbos intransitivos no tienen complemento directo, sino complementos indirectos y circunstanciales, y, por lo general, expresan movimiento (*andare*, «ir»; *venire*, «venir»»), quietud (*rimanere*, «permanecer») o bien son copulativos (*essere*, «ser»; *stare*, «estar»).

Forma activa y forma pasiva

Volvamos al ejemplo del epígrafe anterior:

Maria vede Paola. *Paola è vista da Maria.*

Tal como hemos visto, si las dos oraciones tienen sentido, y en este caso lo tienen, el verbo es transitivo. De hecho, podemos decir que el primer verbo (vede) está en forma activa, mientras que el segundo (è vista) está en pasiva.

La mayoría de los verbos pasivos están construidos con el auxiliar **essere** («ser»), que concuerda con el sujeto en número y persona, y el participio del verbo que expresa la acción. Además del sujeto, este tipo de verbos exige un complemento en el predicado: el agente, que en italiano va introducido por la preposición **da**.

Paola è vista **da Maria**.
Paula es vista **por María**.

Il presidente del Governo **è stato eletto da** un'ampia maggioranza.
El presidente del gobierno ha sido elegido por una gran mayoría.

Le medicine **sono prescritte dal** medico.
Los medicamentos son prescritos por el médico.

I ladri **sono stati catturati dalla** polizia.
Los ladrones han sido capturados por la policía.

La forma pasiva tiene los mismos modos y tiempos que la activa. Tan sólo hay que conjugar el verbo **essere** en el modo y el tiempo requeridos y añadir el participio.

Ejercicios

Ejercicio 1. Escriba las siguientes frases en forma pasiva:

1. Lori saluta Tina.
2. Mario ascolterai le notizie.
3. Il giudice ascolta l'avvocato.
4. Molta gente leggerà questo giornale.
5. Mi hanno detto di no.
6. Roberto e Claudia hanno preso la macchina.
7. La direzione prega il pubblico di no entrare in questa sala.
8. Nessuno conosce questo paese.
9. Fabrizio e Paola vi hanno invitato al suo matrimonio.
10. Giacomo ha preso il libro.

Frases útiles

En el mecánico

La mia macchina ha subito un guasto.
Mi coche se ha averiado.

La macchina non si mette in marcia.
El coche no arranca.

Ho bisogno di un meccanico.
Necesito un mecánico.

C'è bisogno di caricare la batteria.
Es necesario cargar la batería.

Lei ha dei cavi per la batteria?
¿Tiene cables para la batería?

Sono rimasto senza benzina.
Estoy sin gasolina.

Si sente un rumore strano.
Se escucha un ruido raro.

Mi regoli la guida/i freni.
Arrégleme la dirección/los frenos.

Questo pezzo è difficile da trovare.
Esta pieza es difícil de encontrar.

Quanto tempo ci vorrà?
¿Cuánto tiempo tardará?

La frase

El discurso está formado por una sucesión de oraciones independientes, ya sean simples, ya compuestas, que siguen unas reglas de construcción muy precisas.

La sintaxis se ocupa de sistematizar las normas que rigen la formación de las oraciones y de estudiar las relaciones que se establecen entre todos sus componentes.

En italiano, al tratarse de una lengua románica, existen los mismos tipos de oración que en español.

La oración simple

Las oraciones simples se componen de un solo verbo conjugado, son autónomas desde un punto de vista sintáctico y poseen un significado completo. De hecho, son la base del discurso.

Atributiva

Maria è la mia migliore amica.
María es mi mejor amiga.

Preferiamo mangiare spaghetti.
Preferimos comer espaguetis.

Elena studia tutto il giorno.
Elena estudia todo el día.

Negativa

Non è venuto nessuno.
No ha venido nadie.

Non mi ha detto niente.
No me ha dicho nada.

Non sono mai venuti.
No han venido nunca.

Interrogativa

Viene anche Paolo?
¿Vendrá también Pablo?

Sei sicuro?
¿Estás seguro?

Exclamativa

Che bello!
¡Qué bonito!

Come sei cresciuto!
¡Cómo has crecido!

Por lo general, todas las oraciones simples se forman a partir de un verbo en modo indicativo y su estructura es lineal, ya que se componen básicamente de sujeto, verbo y complemento.

La oración compuesta

Las oraciones compuestas están formadas por dos o más oraciones simples combinadas mediante diferentes nexos gramaticales. Se dividen en coordinadas y subordinadas.

Las oraciones coordinadas

En las oraciones coordinadas cada proposición tiene sentido completo y se enlazan entre sí mediante conjunciones coordinantes. Existen los siguientes tipos de oraciones coordinadas, en función de la conjunción que une sus componentes:

— Copulativas:

*Vengo a casa **e** pranziamo insieme.*
Vengo a casa y comemos juntos.

*Nè chiedo consigli **nè** li do.*
Ni pido consejos ni los doy.

— Disyuntivas:

*Torni in ufficio **o** vai in palestra?*
¿Vuelves al despacho o vas al gimnasio?

— Adversativas:

*Accetto, **ma** non sono convinto.*
Acepto, pero no estoy convencido.

*Veniamo, **però** non vogliamo rispondere a nessuna domanda.*
Venimos, pero no queremos contestar ninguna pregunta.

— Distributivas:

***Ora** sale, **ora** scende, **ora** va di qua, **ora** va di là.*
Ora sube, ora baja, ora se va por allá, ora viene por acá.

Las oraciones subordinadas

Las oraciones subordinadas están formadas por una proposición principal, o subordinante, y una subordinada, que no tiene sentido sin la primera y con la que se relaciona mediante pronombres relativos, conjunciones o adverbios.

Este tipo de oraciones se dividen en tres grupos: adjetivas, sustantivas y adverbiales, según el tipo de función que desempeña la subordinada en el seno de la oración compuesta.

• Subordinadas adjetivas: realizan la función de un adjetivo y se construyen con los pronombres relativos **che**, **cui**, **quale**, **quali** precedidos por preposición o **dove** y un verbo en indicativo o subjuntivo:

*L'attore **di cui** ti ho parlato recita in questo film.*
El actor del que te hablé actúa en esta película.

*Si incontrarono **dove** avevano stabilito.*
Se encontraron donde habían acordado.

*Non sarà facile trovare una segretaria **che** conosca tre lingue.*
No será fácil encontrar una secretaria que sepa tres lenguas.

• **Subordinadas sustantivas**: equivalen a un sustantivo o sintagma nominal y suelen construirse mediante la conjunción **che** y un verbo en subjuntivo:

*È necessario **che** controlliate attentamente ogni parte.*
Es necesario que controléis atentamente cada parte.

*Sembra **che** non siano contenti dei risultati.*
Parece que no estén contentos de los resultados.

• **Subordinadas adverbiales**: desempeñan la función de un adverbio y están precedidas de una conjunción o locución adverbial que rige un verbo en indicativo o subjuntivo. Se dividen en:

— Causales:

*Hanno venduto la macchina **perché** hanno bisogno di denaro.*
Han vendido el coche porque necesitan dinero.

— Temporales:

*Lo pagai **quando** finì il lavoro.*
Le pagué cuando terminó el trabajo.

— Consecutivas:

*Non mi risponde, **quindi** avrà già traslocato.*
No me responde, por lo tanto ya se habrá mudado.

— Finales:

*Ce lo disse **perché** lo aiutassimo.*
Nos lo dijo para que le ayudásemos.

— Comparativas:

*Sono **più** responsabili **di quanto** pensassi.*
Son más responsables de lo que pensaba.

— Condicionales:

Se c'è il sole, andiamo al parco.
Si hace sol, vamos al parque.

Se ci fosse il sole, andremmo al parco.
Si hiciese sol, iríamos al parque.

Se ci fosse stato il sole, saremmo andati al parco.
Si hubiera hecho sol, habríamos ido al parque.

— Modales:

*Ho cucinato il coniglio **come** mi avevi suggerito.*
He cocinado el conejo como me habías sugerido.

— Concesivas:

***Sebenne** fosse straniero, parlava correttamente l'italiano.*
Si bien era extranjero, hablaba correctamente el italiano.

Ejercicios

Ejercicio 1. Complete las siguientes oraciones con las conjunciones más adecuadas:

1. Sono uscita .... ho preso l'autobus.
2. .... hanno telefonato .... sono passati.
3. .... fai la spesa qui .... vai domani al supermercato.
4. .... ci vado, vieni anche tu.
5. Andiamo a casa .... gli telefoniamo subito.

Ejercicio 2. Complete las siguientes frases:

1. .... insistere, hanno accettato.
2. .... fossero coscienti dell'errore, hanno agito ugualmente.
3. Siamo andati alla riunione .... esporre le nostre opinioni.
4. Penso .... tu abbia ragione.
5. .... arrivati, ci siamo fatti una doccia.

Frases útiles

En la comisaría

Dov'è il commissariato?
¿Dónde está la comisaría de policía?

Potrebbe aiutarmi, per favore?
¿Podría ayudarme, por favor?

Ho perso il passaporto, la carta di…
He perdido el pasaporte, el carnet…

Che cosa posso fare?
¿Qué debo hacer?

Mi hanno derubato.
Me han robado.

Ha tentato di derubarmi.
Ha intentado robarme.

Posso utilizzare il telefono?
¿Puedo usar el teléfono?

Si tratta di una emergenza!
¡Es una urgencia!

Chiami la polizia!
¡Llame a la policía!

Desidero denunciare un furto.
Quiero denunciar un robo.

Anexo: Modelos de conjugación de verbos irregulares

Verbos irregulares de la primera conjugación

Se conjugan de forma irregular los tiempos que a continuación indicamos (los demás tiempos se conjugan como el verbo *parlare*).

ANDARE («ir»)
Ind. pres.: vado, vai, va, andiamo, andate, vanno
Futuro: andrò, andrai, andrà, andremo, andrete, andranno
Imperativo: va', vada, andiamo, andate, vadano
Cong. pres.: vada, vada, vada, andiamo, andiate, vadano
Cond. pres.: andrei, andresti, andrebbe, andremmo, andreste, andrebbero
Inf. pres.: andare
Inf. pass.: essere andato
Ger. pres.: andando
Ger. pass.: essendo andato
Part. pres.: andante
Part. pass.: andato

DARE («dar»)
Ind. pres.: do, dai dà, diamo, date, danno
Pass. remoto: diedi, desti, diede, demmo, deste, diedero o detti, desti, dette, demmo, deste, dettero
Imperativo: dà, dia, diamo, date, diano
Cong. imperf.: dessi, dessi, desse, dessimo, deste, dessero
Inf. pass.: aver dato

Part. pass.: dato
Ger. pass.: dando

FARE («hacer»)
Ind. pres.: faccio, fai, fa, facciamo, fate, fanno
Ind. imperf.: facevo, facevi, faceva, facevamo, facevate, facevano
Pass. remoto.: feci, facesti, fece, facemmo, faceste, fecero
Imperativo: fa', faccia, facciamo, fate, facciano
Cong. pres.: faccia, faccia, faccia, facciamo, facciate, facciano
Part. pres.: facente
Part. pass.: fatto
Gerundio: facendo

Verbos irregulares de la segunda conjugación

BERE («beber»)
Ind. pres.: bevo, bevi, beve, beviamo, bevete, bevono
Pass. remoto: bevvi (bevei o bevetti), bevesti, bevve (bevé o bevette), bevemmo, beveste, bevvero (beverono o bevettero)
Futuro: berrò (beverò), berrai (beverài), berrà (beverà), berremo (beveremo), berrete (beverete) berranno (beveranno)
Imperativo: bevi, beva, beviamo, bevete, bevano
Cong. pres.: beva, beva, beva, beviamo, beviate, bevano
Condizionale: berrei (beverei), berresti (beveresti), berrebbe (beverebbe)…
Part. pass.: bevuto
Gerundio: bevendo

DOVERE («deber»)
Cambia la **o** por **e** cuando la primera sílaba lleva acento.
Ind. pres.: devo (debbo), devi, debe, dobbiamo, dovete, devono (debbono)
Pass. remoto: dovei (dovetti), dovesti, dovette, dovemmo, doveste, dovettero
Futuro: dovrò, dovrai, dovrà…
Cong. imperf.: dovesi…
Condizionale: dovrei…
Part. pass.: dovuto

POTERE («poder»)
Ind. pres.: posso, puoi, può, possiamo, potete, possono
Futuro: potrò, potrai, potrà, potremo, potrete, potranno
Cong. pres.: possa, possa, possa, possiamo, possiate, possano
Part. pass.: potuto

RIMANERE («quedar, permanecer»)
Ind. pres.: rimango, rimani, rimane, rimaniamo, rimanete, rimangono
Pass. remoto: rimasi, rimanesti, rimase, rimanemmo, rimaneste, rimareso
Futuro: rimarrò, rimarrai, rimarrà, rimarremo, rimarrete, rimarranno
Imperativo: rimani, rimanga, rimaniamo, rimanete, rimangano
Cong. pres.: rimanga, rimanga, rimanga, rimaniamo, rimaniate, rimangano
Condizionale: rimarrei, rimarresti, rimarrebbe, rimarremmo, rimarreste, rimarrebbero
Part. pass.: rimasto

SAPERE («saber»)
Ind. pres.: so, sai, sa, sappiamo, sapete, sanno
Pass. remoto: seppi, sapesti, seppe, sapemmo, sapeste, seppero
Futuro: saprò, saprai, saprà, sapremo, saprete, sapranno
Imperativo: sappi, sappia, sappiamo, sappiare, sappiano
Cong. pres.: sappia, sappia, sappia, sappiamo, sappiate, sappiano
Part. pass.: saputo

SCEGLIERE («escoger»)
Ind. pres.: scelgo, scegli, sceglie, scegliamo, scegliete, scelgono
Pass. remoto: scelsi, scegliesti, scelse, scegliemmo, sceglieste, scelsero
Imperativo: scegli, scelga, scegliano, scegliete, scelgano
Cong. pres.: scelga, scelga, scelga, scegliamo, scegliate, scelgano
Par. pass.: scelto

Verbos irregulares de la tercera conjugación

DIRE («decir»)
Ind. pres.: dico, dici, dice, diciamo, dite, dicono
Imperfetto: dicevo, dicevi, diceva, dicevamo, dicevate, dicevano
Pass. remoto: dissi, dicesti, disse, dicemmo, diceste, dissero

Futuro: dirò, dirai, dirà, diremo, direte, diranno
Imperativo: di', dica, diciamo, dite, dicano
Cong. pres.: dic, dica, dica, diciamo, diciate, dicano
Cong. imperf.: dicessi, dicessi, dicesse, dicessimo, diceste, dicessero
Condizionale: direi, diresti, direbbe…
Part. pass.: detto

SALIRE («subir»)
Ind. pres.: salgo, sali, sale, sliamo, salite, salgono
Imperativo: sali, salga, saliamo, salite, salgano
Cong. pres.: salga, salga, salga, saliamo, saliate, salgano
Part. pass.: salito

USCIRE («salir»)
Ind. pres.: esco, esci, esce, usciamo, uscite, escono
Imperativo: esci, esca, usciamo, uscite, escano
Cong. pres.: esca, esca, esca, usciamo, usciate, escano
Part. pass.: uscito

VENIRE («venir»)
Ind. pres.: vengo, vieni, viene, veniamo, venire, vengono
Pass. remoto: venni, venisti, venne, venimmo, veniste, vennero
Futuro: verrò, verrai, verrà, verremo, verrete, verranno
Imperativo: vieni, venga, veniamo, venite, vengano
Cong. pres.: venga, venga, venga, veniamo, veniate, vengano
Condizionale: verrei, verresti, verrebbe, verremmo, verreste, verrebbero
Part. pass.: venuto

Soluciones
de los ejercicios

El artículo

Ejercicio 1

1. la.- 2. l'.- 3. i.- 4. gli.- 5. la.- 6. l'.- 7. le.- 8. gli.

Ejercicio 2

1. una.- 2. dei/alcuni.- 3. una.- 4. un.- 5. una.- 6. delle/alcune.- 7. un.- 8. una.

Ejercicio 3

1. con la.- 2. della.- 3. dagli.- 4. nel.- 5. sul.

El sustantivo

Ejercicio 1

1. città.- 2. dita.- 3. muri/mura.- 4. strade.- 5. poeti.- 6. lenzuola.

Ejercicio 2

1. donna.- 2. nuora.- 3. nonna.- 4. gatta.- 5. direttrice.- 6. mucca.

Ejercicio 3

1. segretario.- 2. poeta.- 3. fratello.- 4. maestro.- 5. commesso.- 6. prete.

Adjetivo I

Ejercicio I

1. Le amiche tedesche.- 2. I gatti marroni.- 3. I papà severi.- 4. Le case grandi.- 5. I libri spessi.

Ejercicio 2

1. facilissimo.- 2. lunghissimo.- 3. scomodissimo.- 4. carissima.- 5. contentissimo.

Adjetivo II

Ejercicio I

1. Il suo computer.- 2. I nostri amici.- 3. Il vostro compagno simpatico.- 4. La sua sorella.- 5. Le mie borse blu.

Ejercicio 2

1. alcun/nessun.- 2. alcuni.- 3. qualche.- 4. ogni.- 5. altra.

Pronombres I

Ejercicio I

1. La.- 2. lo.- 3. li.- 4. li.- 5. Lo.

Ejercicio 2

1. Il suo.- 2. La loro.- 3. Le sue.- 4. La sua.- 5. i loro.

Pronombres II

Ejercicio I

1. qualcosa.- 2. Qualcuno.- 3. qualcosa.- 4. niente.- 5. troppa.

Ejercicio 2

1. da cui/dai quali.- 2. a cui/alle quali.- 3. in cui/nella quale.- 4. in cui/nel quale.- 5. che.

Preposiciones

Ejercicio 1

1. di.- 2. per.- 3. a.- 4. in.- 5. a.

Ejercicio 2

1. con.- 2. Su.- 3. tra/fra.- 4. Tra/Fra.- 5. da.

Adverbios

Ejercicio 1

1. bellamente.- 2. correttamente.- 3. amaramente.- 4. riccamente.- 5. abbondantemente.

Ejercicio 2

1. neanche.- 2. anche.- 3. neanche.- 4. anche.- 5. neanche.

Conjunciones e interjecciones

Ejercicio 1

1. nè.- 2. tuttavia.- 3. oppure.- 4. e nemmeno.- 5. però.

Ejercicio 2

1. come se.- 2. affinchè.- 3. Sebbene.- 4. Quando.- 5. Poichè.

Verbos I

Ejercicio 1

1. mangia.- 2. abbiamo.- 3. venite.- 4. vanno.- 5. preferisco.

Ejercicio 2

1. avrò fatto/partirò.- 2. avremo pranzato/prenderemo.- 3. avrete dormito/staremo.- 4. avranno parlato/potranno.- 5. avrai capito/troverai.

Ejercicio 3

1. mangerei.- 2. Vorrei.- 3. verremmo.- 4. sarebbe venuto.- 5. berrebbe.

Verbos II

Ejercicio 1

1. Tina è salutata da Lori.
2. Le notizie saranno ascoltate da Mario.
3. L'avvocato è ascoltato dal giudice.
4. Questo giornale sarà letto da molta gente.
5. Mi è stato detto di no.
6. La macchina è stato presa da Claudia e Roberto.
7. Il pubblico è pregato dalla direzione di non entrare in questa sala.
8. Questo paese non è conosciuto da nessuno.
9. Siete stati invitati da Fabrizio e Paola al suo matrimonio.
10. Il libro è stato preso da Giacomo.

La frase

Ejercicio 1

1. e.- 2. Nè- nè.- 3. O- o.- 4. Ma.- 5. e.

Ejercicio 2

1. A forza di.- 2. Benchè.- 3. al fine di.- 4. che.- 5. Appena.